股权战略

构建共赢体系，引爆财富效应

臧其超 著

中国经济出版社
CHINA ECONOMIC PUBLISHING HOUSE

图书在版编目（CIP）数据

股权战略：构建共赢体系，引爆财富效应 / 臧其超著 . -- 北京：中国经济出版社，2021.10
ISBN 978-7-5136-6536-0

Ⅰ . ①股… Ⅱ . ①臧… Ⅲ . ①股权管理—研究 Ⅳ . ① F271.2

中国版本图书馆 CIP 数据核字（2021）第 140523 号

责任编辑 严 莉
责任印制 巢新强
封面设计 夏海波

出版发行 中国经济出版社
印 刷 者 天津文林印务有限公司
经 销 者 各地新华书店
开 本 787mm × 1092mm 1/16
印 张 15
字 数 143 千字
版 次 2021 年 10 月第 1 版
印 次 2021 年 10 月第 1 次
定 价 65.00 元
广告经营许可证 京西工商广字第 8179 号

中国经济出版社 **网址** www. economyph. com **社址** 北京市东城区安定门外大街 58 号 **邮编** 100011
本版图书如存在印装质量问题，请与本社销售中心联系调换（联系电话：010－57512564）

序言

股权经营：转型升级之道

※股权具有无穷的魅力

对于一家企业来说，最值钱的资产是公司的股权，最不值钱的资产也是公司的股权。为什么这样说呢？企业快速成长，就能够在资本市场获得高额的投资回报，并且投资者对企业有良好的预期，那么企业的股份就会成为现在或未来最值钱的资产；反之，企业经营不善，面临破产倒闭的窘境，那么股份也就一文不值。

世界顶级富豪都是因为持有某些企业的股份，并在股份溢价升值中实现财富梦想的。如比尔·盖茨、沃伦·巴菲特、马云、王健林、马化腾等，他们手中都持有大量优质企业的股份。

股权的财富效应散发着无穷的魅力，也具有极强的吸引力。企业家可以借助股权去吸引优质的资源、优秀的人才、丰厚的资金为自己所用。

※股权激励不限于内部员工

传统企业经营管理方式建立在以传统工业化为主的大规模标准化生产的基础之上，更注重流程化、制度化、标准化。进入新时代后，新型企业更加重视员工的个人能力、团队配合和个性化发展，这是互联网时代个性化需求发展的必然之路。

具备创新性的企业需要员工发挥自我主观能动性，摆脱层层领导、强压式的管理模式。因此，以自我激励的方式代替命令式的管理方式，是每家企业都应该考虑的方向。

作为一种长期的激励方式，股权激励在实现员工的自我激励方面能够发挥积极的作用。当然，如果将股权仅仅作为激励内部员工的工具，那就显得太过狭隘了。使用股权激励外部客户或整合资源，往往能收到更意想不到的效果。

※股权是实现资源整合的利器

在企业外部，与企业利益相关联的群体，其核心是客户，包括上游供应商、下游渠道商及终端客户，再就是竞争者、投资者及政府或社会力量等，我们暂且把这些都归为外部资源。那么企业如何整合好这些外部的资源并为自己所用呢？

首先，企业要整合外部资源，就必须要有为外部资源带来价值的能力。股权是非常好的激励工具，它能吸引外部资源为我所用，同时，又可以实现公司与外部资源的利益捆绑，推动公司股份持续升值。

其次，资源整合不是一句口号，必须要有具体的方式与方法。一家经销商，为什么一定要卖力地销售你的产品？一个企业，凭什么要与你联合起来发展？你的客户，凭什么要将你的产品或服务推销给自己的亲朋好友？能解答这些问题的，常常就是股权，股权能够很好地连接这些利益群体。运用股票期权、期股、限制性股份、股票增值权、干股、虚拟股份等各种形式，可以很好地实现公司做大市场、提升价值的既定目标。

※股权经营的核心仍然是信心

企业经营股权，最核心的问题在于经营信心。对激励对象来说，如果他们看不到企业股份的价值，那么，企业做股权激励或用股权去整合外部资源，往往就没有太大的意义，还不如奖金、福利、返现等实实在在的东西来得更有效。

所以，企业家要借用股权经营企业，首先，必须让激励对象看到公司的价值，看到希望。一方面，企业家需要更好地推动企业发展，让公司股份升值；另一方面，企业家需要不断宣导公司的价值，让激励对象对公司产生强大的信心，这种信心会转化为强大的力量，进一步推动企业快速成长。

其次，企业股份要分得巧妙。这涉及股权经营的具体方法，本书将分别从上下游价值链、企业的营销方式、股权融资三个核心模块进行诠释，对市场比较热门的股权经营方式，比如股权众筹及正在兴起但暂时只是被少数企业使用的消费型股权激励方式等进行深入阐述，以启迪广大企业家的智慧，助其设计出更适合本企业发展的经营管理方式。

如图 0-1 所示，企业股权涉及五大主要利益体，包括内部员工、外部客户、上下游价值链合作者、竞争者和投资者。企业经营好股权，可以让这些资源为我所用，并发挥其积极的作用。

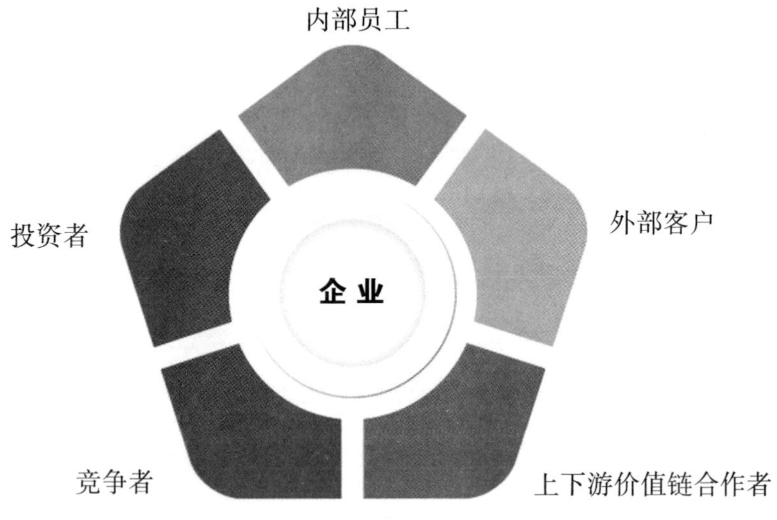

图0-1 股权涉及的五大利益相关者

进入 21 世纪，尤其是在国内经济面临下行压力的情况下，企业转型升级迫在眉睫。在这种情况下，企业家实施消费型股权激励战略，已成为时下最好的经营管理方式之一。

所谓消费型股权激励，简单来说，就是以公司股份为标的，激励内部员工和外部客户的一种经营模式。这种方式在激发内部团队、整合外部资源方面都能收到良好的效果！相信不少企业可以由此创造出更多新的企业经营方式，为推动企业经营管理模式的创新提供更多鲜活的案例。

目 录

01 PART 致富手段：人无股权不富

有些人之所以能够一直享受富裕的生活，很大程度上是因为他们拥有大量优质公司的股权。股权是实现财富增值保值的重要手段，同时，也是普通人创富致富的绝佳途径之一，因为有人曾说：人无股权不富！

02 PART 高效工具：用股权整合资源

企业要整合的资源包括人才、资金、设备、厂房、土地等各方面的资产或权益，企业要整合好这些为我所用，就必须要有能整合它们的筹码。股权的财富效应和吸引力，就是整合这些资源的最佳筹码。

03 PART

股权销售：迅速引爆企业财富

股权也可以成为公司的消费性产品，拆分之后，用来进行销售。不同的是，这种产品具备了投资价值，同时具备稀缺性，更容易点燃消费者的热情。一旦市场被点燃，企业财富也会被迅速引爆。

04 PART 股权融资：借助资本，让企业飞

如果说借助产品或服务来经营公司是在“爬楼梯”的话，那么借助资本来运营公司股权的方式则是在“坐电梯”。股权融资是实现企业快速发展、推动企业进入资本大道的最佳路径。

05 PART 股权激励：股权价值提升与魅力宣导

消费型股权激励是以公司股份为标的，激励内部员工和外部客户的经营模式。所以，股份的价值在某种程度上决定了激励对象所受激励的大小。一个没有多大价值或无法让员工看到希望的股份，是没有任何激励效果的！

06 PART 风险规避：股权经营的风险控制

消费型股权激励在激发企业经营活力、整合外部资源方面发挥着重要的作用，但也要避免经营不当带来的风险。企业尤其要规避三大风险：权利不一致带来的风险、治理结构不完善带来的风险以及法律风险。

01

致富手段：

人无股权不富

▼

有些人之所以能够一直享受富裕的生活，很大程度上是因为他们拥有大量优质公司的股权。股权是实现财富增值保值的重要手段，同时，也是普通人创富致富的绝佳途径之一，因为有人曾说：人无股权不富！

1.1
股权：最佳造富工具

经营企业，实际就是经营公司的股权，经营公司价值的提升。善于经营企业的人，都是善于经营公司股权的人，他们在推动企业快速发展、实现股份快速升值的过程中，实现自己的财富梦想。

股权是迅速实现财富增值的重要手段。放眼国内外，这样的案例不胜枚举。

我们先来看看国内互联网三巨头——阿里巴巴、腾讯、百度的员工持股情况。它们的员工是如何实现惊人的财富梦想的呢？

① 阿里巴巴

2014 年 9 月 20 日，阿里巴巴在美国上市，发行价为每股美国存托股（ADS）68 美元。截至收盘，阿里巴巴股价暴涨 25.89 美元，涨至 93.89 美元，涨幅达 38%。阿里巴巴上市前注册资本为1000万元人民币，上市首日收盘市值达2314亿美元，收益率接近百倍。这相当于当年上市前1元原始股，上市首日便变成142073元。

上市不仅造就了马云这个华人首富，还造就了几十位亿万富翁、上千位千万富翁、上万名百万富翁，这是一场真正的财富盛宴。

② 腾讯

2004年6月16日，腾讯上市，造就了5位亿万富翁、7位千万富翁和几百位百万富翁。

上市前腾讯公司注册资本为6500万元人民币，2004年6月腾讯在香港挂牌上市，股票上市以票面价值3.7港元发行；2005年，腾讯控股开始发力飙升，年底，其股价便收在了8.30港元附近，年涨幅达78.49%；到2009年时，腾讯控股以237%的年涨幅成功攀上了100港元大关，为香港股市所瞩目。

2012年2月，腾讯的股票价格已高居200港元之上，此后仍创新高不断。2014年3月该股股价一举突破600港元大关；2014年5月，腾讯公司将一股拆为五股，拆股后的单股股价约为136港元，总市值达到1500多亿美元。这相当于当年上市前投资1元原始股，至2014年变成14400元。

③ 百度

2005年8月5日，百度上市，当天创造了8位亿万富翁（包括李彦宏、刘建国、徐勇、梁冬、朱洪波等）、几十位千万富翁及几百位百万富翁。所有的股东一夜无眠，庆贺狂欢。百度一位前台工作人员的手机被打爆，因为她也随着百度上市成了百万富翁，这在常人眼里几乎是不可能的事情，但却实实在在地发生了！

百度上市前注册资本为 4520 万美元，2005 年 8 月 5 日，百度成功登陆纳斯达克，股价从发行价 27 美元起步后一路飙升，开盘价 66 美元，收于 122.54 美元，上涨 95.54 美元。其首日股价涨幅高达 353.85%。2014 年 10 月，百度股价一度达到 227.53 美元，增长上百倍，市值近 800 亿美元。这相当于当年上市前投资 1 元原始股，至 2014 年 10 月变成 1770 元。

改革开放 40 多年来，中国的富豪人群基本上来自通过经营企业进行财富积累的阶层；而未来 10 年，中国富豪将更多来自股权投资、股权融资。

※发展型企业的股份最值钱

对于发展型企业，尤其是快速发展中的企业，公司的价值在不断提升，公司的股价也水涨船高，这对于投资人、持股者及与公司利益相关的其他人员来说，都具有很强的吸引力。这种吸引力主要来自对公司未来股价上涨的预期，这很容易刺激和激励相关联的人群，促使他们为实现既定预期目标而采取积极的行动。

因此，发展型公司的股权非常值钱，在公司内部实行股权激励往往能收到很好的效果。

华为在创业初期，就推行了全员持股计划，大大激发了全体员工的能动性，取得了巨大的成功，成就了华为今天的世界通信设备的霸主地位。马云在创业初期，站在怀揣梦想的“十八罗汉”面前精彩演讲，推动大家集资入股，才有了阿里巴巴的雏形；在新的人才加入之后，马云又大胆地进行股权激励，大大激发了员工的潜能。在阿里巴巴快速发展的过程中，无论是融资、兼并还是上市，消费型股权激励都起到了决定性的作用。这也推动阿里巴巴成为今天的电子商务巨头，称霸世界。

股权的魅力不仅在于内部的激励，更能让外部投资者疯狂。无论是天使投资、私募投资、风险基金投资，还是公司上市后的普通股民的投资，都会参与到公司的发展之中，享受公司价值升值带来的投资财富的盛宴。

※草根也可以逆袭成富翁

2014 年，可以说是刘强东“草根逆袭”的一年。在这一年，刘强东一手缔造的电商帝国——京东商城上市了。

作为电商行业中仅次于阿里巴巴的第二名，京东奋力抢在阿里巴巴上市之前上市，并且在上市前夕成功获得腾讯的注资，因此，其溢价能力也大幅提升。截至 2014 年 7 月 4 日，京东市值高达 2339.5 亿元，作为第一大股东的刘强东，也因持股比例为 20.68%，个人财富飙升至 483.8 亿元，首次入选《理财周报家族财富榜》榜单，并位列探花。

在创办京东商城之前，刘强东还只是一个在北京中关村练摊的小店主。为什么他能在短短几年内成长为令人羡慕的百亿富豪？股权投资在他的造富过程中起到了至关重要的作用。

2007 年，今日资本向京东注资 1000 万美元。2009 年 1 月，京东又进行第二轮融资，今日资本、雄牛资本及著名投资人梁伯韬联合投资 2100 万美元。2010 年 9 月，京东进行第三轮融资，老虎环球基金、高瓴资本等机构共向其注资 1.38 亿美元。2011 年 4 月至 6 月，京东完成第四轮融资，DST 领投分三笔共向其注入超过 7.46 亿美元的资金，红杉资本也在 2011 年 6 月底给京东投资约 2.15 亿美元；2012 年 2 月，高瓴资本继续投入 6500 万美元。随后，京东在 2012 年 11 月到 2013 年 2 月完成了第五轮融资，其中安大略退休教师基金旗下的投资公司投入 1.75 亿美元，沙特王国控股投资公司投入 4 亿美元；另外，老虎环球基金、DST 两个老股东也在这一轮以相同价格分别跟投 7500 万美元和 3250 万美元。

京东的飞速发展，得益于资本的推动，而资本的进入是以股权的交换为代价的。也就是说，股权投资在其中发挥了巨大的作用，尤其是在亏损状态下，京东依然能一次次获得投资者的注资，从而扭转困局。可以说，如果刘强东不能玩转股权和资本，那么京东很可能顶多是个不起眼的小公司，早已倒闭或被收购。

股权投资成就了京东，成就了刘强东，当然，也成就了京东的众多员工和股东。

1.2
人性思考与股权设计

股权方案的设计是基于人性假设，核心目的在于激发人的动力，化解人的阻力，为实现企业目标而努力。所以，企业必须研究人，研究人心、人性，在此基础上设计的股权方案才能发挥积极作用。

我们跳过企业经营的外围环节，直接进入企业经营的核心，就会发现，企业无论是做人才培养、薪酬制定、绩效管理，还是产品生产、技术研发、营销策划，或是风投融资、上市策划等，各个环节都离不开对人的经营。一方面是对内部人才的经营，另一方面是对外部人、财的经营。从核心层面来讲，就是对人心、人性的经营。所以，企业家要研究人心、人性。

人性到底是“本善”还是“本恶”，至今没有定论，这也是一个难以“一刀切”说清楚的问题。不过有一点是可以肯定的：人类都有自私自利的一面，会体现出利己或者“恶”的一面，但同时又会体现出天性“善”的一面。

企业家在驾驭人才的过程中，既需要发扬员工“善”的一面，充分调动他们的工作激情，发挥他们的聪明才智，激励他们努力工作、合理竞争，为公司创造更大的效益；同时，也要抑制他们“恶”的一面，建立相应的规章制度，让员工都遵守行业规范，杜绝其不良行为，避免公司或其他员工遭受无妄的损失。

※是先利他还是先利己

老板经营企业，只有先成就他人，才能成就自己。那么如何成就他人？最重要的可利用工具就是股权。

股权的财富效应时时散发着迷人的魅力，它能在人们心中铸造一扇财富梦想之门，吸引各类人才和资源围着企业转，进而推动一切为企业所用。很多老板没有想清楚这样的问题：到底是让员工围着老板转，还是让老板围着员工转？到底是让企业围着投资者转，还是让投资者围着企业转？想不清楚这些问题，老板就会非常被动，即便为企业鞠躬尽瘁，也不能使企业得到长足发展。

老板无法成就员工，员工自然就会离开老板；企业无法成就投资者，投资者就会弃企业而去。筹码决定忠诚！股权就是公司的“筹码”。当老板敢于用股权成就员工时，员工就会围着老板转；当企业敢于用股权成就外部利益相关者时，外部资源就会围着企业转。

所以，没有经营不好的企业，只有玩不转股权的老板！

※小企业与大企业的差别

从全球社会财富配比来看，有钱人都在玩股权，没钱人都在赚工资。我们先来看看世界首富比尔·盖茨。1986年微软公司首次公开募股（IPO）时，比尔·盖茨持有微软49%的股份，这使他成为亿万富翁。而随着微软的爆炸式发展，他很快成为全球首富，并且连续多年稳居财富榜榜首。

同样，对于公司的员工来说，他们依靠工资收入，几乎很难实现财富梦想，更别说暴富。但是如果拥有公司股权，就有了实现暴富的可能，正是因为这一点，员工的工作动力被瞬间引爆。

Facebook上市，带动油漆工成富豪

2012年，Facebook在美国上市，估值达到1000亿美元，一举超过风头正劲的谷歌。据金融机构统计，这家全球最大的社交网站刚一上市就造就了1000多名百万富翁。除创始人扎克伯格身价倍增外，甚至连曾为公司刷墙的油漆工人也跻身“亿万富豪”之列。

根据《纽约时报》等媒体报道，2005年，一位名叫大卫·乔伊的工人，受Facebook时任主席西恩·帕克的邀请，为公司总部进行墙面装饰。关于报酬，帕克向乔伊提供了两个选择：要

么收下数千美元现金，要么收下同等价值的股票。尽管乔伊当时认为Facebook“荒谬且没有意义”，但仍然收下了股票。

2012年，这个选择被证实改变了乔伊的人生。据媒体披露，在Facebook上市后，这名曾经生活落魄的工人手持的股份价值高达2亿美元。他曾经仅为Facebook大楼“装修作画”，但所得收益足以令许多艺术大师自叹弗如。

从以上事例可以看出，股权的财富效应是非常明显的。正是因为看到了这一点，很多老板都在经营股权。他们借助股权激励内部团队，借助消费型股权的力量，实现企业跨越式的发展，也通过融资、投资、兼并、重组、资源整合、上市等资本运作方式，迅速实现财富积累。

相比于经营股权的大企业，那些小企业的小老板们都在卖产品、卖服务，依靠微薄的利润在市场上“厮杀”。当然这并没有什么错，只是我们在经营企业的过程中，在经营产品的基础上，可以有一种更好的方式，让企业利润倍增。小企业也可以借消费型股权之力发展，让企业在成长的道路上走得更快、更稳健一些。

对于一家小公司来说，其一无资源，二无市场，三无人才，四无资金，当然很难在资本市场通过收购、整合等金融方式达到公司快速增值的目的。但这并不妨碍企业快速发展，它可以借助消费型股权的力量，实现内部员工激励、外部资源整合，让一切可利用的资源为自己所用。

※管理过渡到无边界化

不少企业的老板常常会有一种思维误区，认为：老板就是老板，员工就是员工，怎么可以颠倒？这是传统的经营思维。

有这种思维的老板常常会陷入这样一种状态——老板很累，凡事都需要自己操心；员工只是听指令做事的人，缺少主动性和积极性。在员工心里，公司是老板的，盈利还是亏损都与自己没多大关系，需要关心的只有自己的薪水。

在这样的企业里，老板会对员工进行绩效考核，根据绩效分值给予相应的薪水。员工只关心公司考核的指标，而不会关心老板的期望。考核什么，员工就会关注什么；哪些指标是重点，员工就会重点关注。员工不会考虑整体，更不会关注企业的长远利益。于是，销售人员为了卖出更多的产品，把产品功能夸大了；生产人员为了提高产量和质量，生产出了很多不受消费者欢迎的产品，增加了公司库存压力。

公司是谁的，谁操心！如果老板将公司定位为自己的，那么老板只有自己操心；如果老板将公司定位为员工的，那么员工就会一起操心；如果老板将公司定位为社会的，那么社会人士也会一起操心。

如果把公司的老板定义为拥有公司股份并享受一定权益的人，那么我们就可以将众多的人变成公司的老板。让员工拥有公司的股份，员工就成了公司的老板；让经销商拥有公司的股份，经销商就成了公司的老板；让分公司的老总拥有集团公司的股份，他就成了集团公司的老板。由此，员工和老板的界限就模糊了，企业的管理也成为一种无边界的管理。

公司的员工已经不仅局限于在公司上班的人，而是扩展到了社会各个角落。比如公司客户为公司卖产品，享受一定的分成，实际上他已经转化为公司的员工。公司内部的员工不仅仅是员工，因为他们已经有了公司的股份，他们自发管理，在为自身争取利益的同时，也推动了企业的发展。

而作为企业的老板，表面上自己拥有的股份被稀释了，实际上实现了老板和员工及外部客户的利益捆绑。老板对企业承担的责任也可以被其他拥有股份的人分担，老板获得了空前的解放和自由（不过，老板仍然拥有公司最多的股份，处于企业的控股地位）。所以，我们又可以这样理解：内部员工是老板，外部老板是员工。

让外部老板成为你的员工，为你的产品奔走，将你的服务在朋友圈内传播，从某种程度上来讲，这已经颠覆了传统的产品经营思维，让企业经营变得更加容易。

外部老板是员工

咨询培训行业可以说是一个既诱人又难做的行业！说诱人，是因为来学习的人都有一个感受——听了两三天的课程，几万元的学费就花完了。培训公司一场三天两夜的公开课，就能产生几十万元甚至上百万元的业绩。金牌讲师的课程学费更高，几天时间就会达到上千万元营业额。再仔细给他们算一算利润，发现好像也没多少成本，这个行业简直就是暴利啊！但实际上，情况并不是人们想象中的那样好！

咨询培训行业有一句很经典的话，叫“防火防盗防培训”，可见这个行业卖课程的艰难。从公开课的角度来讲，培训行业的难主要难在招生，也就是客户开发。因为市场良莠不齐，每个讲师讲的内容都不一样，客户很难分辨哪些讲师讲得好，能帮他解决当下企业经营的难题；哪些讲师讲得不好，纯属浪费时间和金钱。再加上同行之间的竞争，彼此为一个客户你争我抢，不断地打电话、发信息，客户都被骚扰烦了，对推销避之不及。所以，这一行业的销售人员开发新客户，往往非常艰难。

但是一旦客户认准一个讲师，觉得这个讲师讲得好，一般就能形成持续的购买需求。所以，不少培训公司设计了这样一个机制，那就是客户交钱来听课，可以免费获得公司一定数量的股份，每年可以参与分红。如果培训公司上市，客户还可以享受股本溢价带来的财富收益。同时，培训公司还会在课堂上告诉学员，如果介绍其他学员来听课，还可以参与培训收入的分成等。

如果讲师课程讲得好，这种做法效果就非常明显。很多来听课的学员都是企业老板，有丰富的人脉资源，如果他们认可这个讲师的课程，再加上有这样好的分配机制，就会自动自发介绍一些朋友过来听课。由他们介绍朋友过来听课，比销售人员打电话推销强一百倍。新的学员过来听课，感觉好之后，又会带来他们的朋友，如此便形成一个良性循环。随着学员的增多，公司便渐渐不再需要推销人员去开发客户了，只需要几个客服人员做好服务工作就好了，从而大大节省了公司的成本。

这种方式下，外部的老板实际上已经成了公司的推销人员，并且他们做推销比内部员工更有优势。不少老板学员觉得，这样做比他们自己开公司赚的利润还多，于是就把公司交给别人打理，自己再开一家公司，专门做该培训公司讲师课程的代理，全心全力代理该公司的培训产品。

当这些代理课程的经销商具备一定的客户开发实力时，培训公司就会进一步考虑与该代理商进行股权置换。而当这种经销商越来越多，全国各地都有这样的经销商时，原来的小咨询培训公司就变成了集团型的咨询培训公司，各地的经销商变成了它的分公司。这时候，公司进一步优化股权结构，提升公司治理水平，就可以为上市而努力了。

有人觉得这种方式类似于口碑传播，只是在此基础上增加了一套利益分配机制。没错，口碑传播也是这种思维模式，都是为了把外部人员变成企业的推销员，为企业产品或服务进行自发宣传。在相应分配机制的作用下，这种方式往往更容易实现成交。小米公司（北京小米科技有限责任公司）就是借助“米粉”的口碑传播效应，带来大量的销量；苹果公司也是这样，每次出新品，都能激励大量的“果粉”抢购苹果产品。

消费型股权激励的对象没有边界，可以是公司内部，也可以是公司外部；可以是合作者，也可以是竞争对手；可以是国内投资者，也可以是国外投资者。

因此，股权经营也没有边界，凡是与公司有利益关联的人群，公司都可以推行消费型股权激励，借用股权这个杠杆撬动更大的资源，实现公司的快速发展。

1.3
利益关联者的结构设计

与企业有利益关联的人群不仅包括企业的内部员工，还包括上游供应商、下游经销商、终端门店、客户、投资者等。要让他们与企业有密切关联，推动企业发展，就必须学会用股权激励他们。

学会运用股权之前先要了解股权。股权不仅具有财富效应，还具备稀缺性，它是一种无形的权益凭证，集各种权力于一身，如图 1-1 所示。

※股权的四大特点

① 财富效应明显

股权之所以能够调动大家的积极性，是因为股权的财富效应明显。尤其是在企业融资与上市的过程中，由股本溢价带来的财富效应更为明显。那么，什么是股本溢价呢？股本溢价是

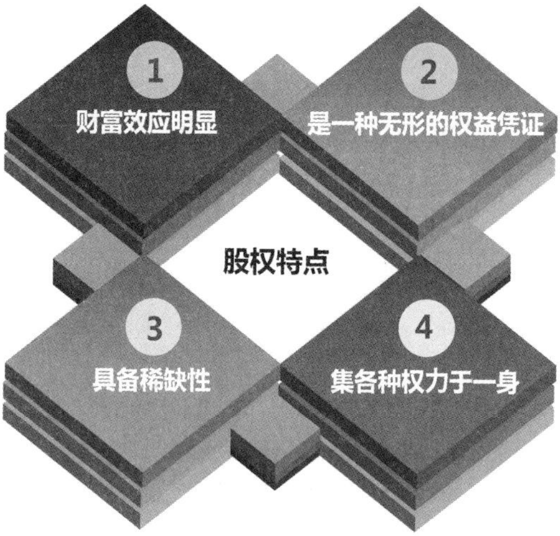

图1-1　股权的四大特点

指股份有限公司溢价发行股票时实际收到的款项超过了股票面值总额。通常，股票有票面面额和发行价格两种主要价值表现形式。当发行人按高于股票面额的价格发行股票时，就是溢价发行。也就是说，溢价发行是发行价格大于股票面额，从而形成股本溢价，这能让公司用较少的股份筹集到更多的资金，同时还降低了筹资成本。

企业在融资环节中，都会存在一个溢价的过程，每一次溢价便意味着持股者股份的快速升值。

② 是一种无形的权益凭证

股权是一种无形的权益凭证，持股者可以凭借这种权益凭证获取相应的收益，还可以参与企业经营决策。在公司章程允许的范围内，股权还可以有其他用途，比如质押借贷、退出套现、遗产继承等。

③ 具备稀缺性

一家企业的股份就是100%，不可能多，更不会少。当别人占股50%的时候，则意味着你最多只能占股50%了。这就是股权的稀缺性。

不少企业在设计股权激励方案时，常常会犯一种错误。比如用20%的股份激励员工，用20%的股份激励经销商和供货商，又将20%的股份给了外来投资者。结果，创始人自己只剩下40%的股份，这对创始人来说，是极大的损失。

当有投资人进入时，公司所有持股人的股份应该同比例稀释，而不是直接减少创始人的持股比例。因此，我们可以这样设计股份分配方案：将公司股份划分成等比例的份额，在有投资人进入时，增发股份，使原有股东持股数量不变，但对公司总股本的占比都相应减少，即同比例稀释。如此，公司创始人才能保证自己的股权控制地位。

④ 集各种权力于一身

当激励对象拥有公司的实股时，则意味着他也应拥有对应比例的公司所有权、表决权、收益权、分红权、否决权等各项权利。即使一些小股东持股比例不高，公司也不能轻易剥夺他们的权利。

※让利益群体与企业从无关到有关

股权的财富效应让人为之疯狂，到底哪些“英雄”是甘愿为之疯狂的人？又如何才能更好地彰显股权的魅力呢？

一个公司的发展，牵涉周围众多利益群体，如图 1–2 所示，其中有最直接关系的是内部员工、投资者、上下游价值链、外部客户、竞争者等，他们构成了企业整个价值生态的利益链条。

图1–2　公司利益相关者的结构

① 投资者

如果说公司依靠自身经营实现公司的发展是在“爬楼梯”

的话，那么公司依靠投资者的资金进行运营则是在“坐电梯”，因为资本的力量能推动企业更快地发展，迅速实现“跑马圈地”的目标。

对于企业来说，资金的来源主要有两个：一是通过自身的经营获取利润，简称内部融资；二是投资者注入资金，简称外部融资。

投资者进行股权投资的方式主要包括天使投资、风险投资、私募投资、上市融资等几种形式。天使投资，即由具有财富积累的个人出资，协助具有专门技术或独特概念的原创项目或有发展潜力的小型初创企业，进行一次性的前期投资，属于一种自发而分散的民间投资方式。风险投资，广义上泛指一切具有高风险、高潜在收益的投资，主要是职业金融家对新兴的、迅速发展的、具有巨大竞争潜力的企业的一种投资形式。私募投资，即私募股权投资，是对非上市公司进行的股权投资，后面我们会具体讲解。而上市融资就是通过公开上市来融通资金。在企业发展的各个时期，外部融资对企业的发展都会起到重要的推动作用。

投资者对公司投资，通过公司的股权实现与公司利益的捆绑，核心目的都是实现公司价值升值，进而实现股份升值，获得股本溢价带来的丰厚回报。而对于公司而言，公司吸纳投资者的资金，实现了与投资者长期的利益捆绑，可以帮助公司更快更好地获取外部资源，推动公司快速发展。

② 竞争者

外部竞争者可能会时刻觊觎某个企业的市场，想撬动该企业的客户，抢占它的资源。对一个企业来说，这似乎不是什么好事。但是不要忘了，通过消费型股权，我们也可以让竞争者变成合作者，让不利因素转变为有利因素。例如，优酷网和土豆网的合并、58 同城和赶集网的合并，都是同行业之间将竞争变成了合作，推动企业进一步做大做强。

当然，这里涉及兼并重组的问题。中小企业为了更好地抢占市场，可以与竞争者进行股权置换，实现利益捆绑。

比如，一条街上有好几家美容店，彼此竞争，竞相降价，大家都没有利润可赚，如果再互相拆台，生意可能就更不景气。假如我们是其中一家店的老板，不如选择与其他店联手，彼此进行股权置换，实现利益捆绑，通过消费型股权来运作。如此，一个个分散的小店就变为一家实力强大的连锁集团，各店的老板也成为企业的股东，可获取垄断片区带来的高收益，从而形成共赢的局面。不仅如此，客户也能因为产品或服务水平的提升而获得更愉快的消费体验。久而久之，愿意来这条街上美容的客户群也会在无形中越来越大。

③ 外部客户

外部客户是企业发展的生命，也是企业利润的来源。按传统思维，我们只是将客户简单地理解为购买自己产品或服务的人。如果换一种思维方式，你会发现，客户也可以成为自己公司的员工，也可以成为公司的股东，关键就看你怎么做。

客户购买了你公司的产品，使用后感觉不错，让客户再去向他的朋友推荐你公司的产品，这样就将客户变成了你公司的销售人员。某些销售大型项目的公司，在客户购买产品之后还会赠予其一定数量的公司股份，让客户享受公司发展带来的收益。如此，公司就通过消费型股权，将外部客户变成了企业的股东，让他们也能为企业的发展尽心尽力。

④ 内部员工

对内部员工进行股权激励，能让企业产生强大的内生动力，激发团队斗志，助力企业冲刺更高的目标。企业通过股权激励，可以与员工形成利益共同体，与中层形成发展共同体，与高层形成事业共同体，与股东形成精神共同体。

可以说，股权激励就好比在企业内部设计了一个大家都能玩的游戏，让员工都成为企业的“老板”，自动自发地为企业的成长尽一份心力。

⑤ 上下游价值链

企业的价值链涉及企业的上下游及与企业利益有关联的其他价值链环节。上游价值链包括供货商、原材料生产商、上游服务商等，下游价值链包括经销商、分销商、终端门店、卖场等，其他利益关联者还包括合作商、运营商、服务商等。这些价值链对企业发展都起到至关重要的作用。

价值链上的任何一环，如果合作不到位，都会对企业造成严重伤害。但如果彼此有共同的利益，合作就能带来产业链的组合效应，发挥巨大的威力。企业通过消费型股权激励就能够将这些价值链条打造成强有力的合作纽带，捆绑价值链为我所用。

例如，企业对上下游供货商、经销商进行股权激励，那么上游供货商在供货时首先要考虑该企业的利益，而下游经销商在铺货时也会优先考虑该企业的利益。因为他们在该公司都有股份，与公司有很强的利益关联，供货和铺货都直接涉及他们的切身利益。

如果你的企业已经与经销商实行了股权捆绑，那么即使有竞争对手想抢走你的经销商，或者对方在产品上给予经销商更多的利润回报，也很难打动你的经销商，更别说让其脱离你企业的怀抱而另卖竞争对手的产品了。

关于各个利益相关者的股权结构设计，我们将在第二部分详细阐述。

※从内部裂变到快速成长

公司从一家小企业成长为一家大企业，一定是由内而外逐步裂变的结果，同时也伴随着公司股份的溢价升值。

老板将公司的股份分出去，不是越分越少，而是越分越多。以传统思维，我们会这样理解：一个苹果分出一半之后，自己就只剩下半个苹果；老板持 40% 的股份，稀释 10% 之后，只剩下 36% 的股份。但是，老板千万不要有这样的思维，稀释 10% 的股份并不会改变老板的控股地位，可能还会带来企业股份的升值。原来公司价值评估为 5000 万元，如今可能变成了 1 亿元，老板实际是多赚了 1600 万元。

所以，股权经营推动了公司的发展，也推动股东财富的快速增值。

企业从天使投资到风险投资，再到几轮私募股权基金的进入，直至公开上市，每一次股权的稀释，都会伴随着股价的升值。所以，老板要有这样一种思维——公司股份在分出的过程中，公司价值在不断升值，分得越多，老板得到的越多。

作为企业老板，与其自己一个人为企业操心，还不如让大家一起为企业操心。股权经营就是让更多的人为企业操心，当大家都在为企业尽心尽力时，企业就会实现裂变式的快速发展。

02

高效工具：

用股权整合资源

▼

企业要整合的资源包括人才、资金、设备、厂房、土地等各方面的资产或权益，企业要整合好这些为我所用，就必须要有能整合它们的筹码。股权的财富效应和吸引力，就是整合这些资源的最佳筹码。

2.1
股权激活内部员工

企业要深度挖掘公司核心人才的潜能，就必须全面激发他们的能动性。股权激励正是激发内部员工能动性、长期捆绑核心人才、实现共享共赢的最佳利器，也是实现员工财富梦想的终极王牌。

股权激励的财富效应对于激励内部员工具有积极的作用，但是这并不是说每个企业做股权激励都能收到这样的效果。那么，怎样的企业才适合做股权激励呢?

一般来说，企业需要满足以下三个条件，对员工进行股权激励才会取得比较好的激励效果。

① 人力资本依附性高

股权激励是对人力资本的再次开发，因此，企业在实施股权激励之前，需要重新审视企业的人力资源战略。

如果公司依靠的核心资源是土地、能源、政府关系等，对人力资本依附性不高，那么实施股权激励，对企业绩效的推动效果就不会太明显。如果是人力资本依附性很高的企业，比如高科技企业、培训公司、其他服务性企业等，就很需要通过股权激励来调动员工的积极性，助推企业快速发展。

② 企业发展良好

股权激励能够发挥作用，一定是股份对激励对象产生了吸引力。如果企业发展态势不好，股份没有什么吸引力，那么股权激励做得再好，对员工的激励作用也不大，反而会让员工认为公司资金短缺，老板又在想办法克扣他们的工资。

因此，在做股权激励之前，老板必须让公司的股份有价值或有吸引力。这就需要公司发展态势良好，有良好的运作模式，公司现在能盈利，或者让员工明白公司在不久的将来能盈利，公司的发展蒸蒸日上，公司价值在不断提升。

③ 管控模式到位

公司的管控模式良好与否，要看公司的治理约束制度是否已经建立或完善，公司的内控系统是否能确保股东资产和权益不受侵害，激励对象所获得的股份收益是否能真实地反映他们所付出的努力。只有管控模式到位，企业才适合做股权激励。而企业要建立良好的管控模式，一方面需要完善公司的治理结构，另一方面需要做好对激励对象的监督和考核工作。

※股权激励的十大工具

对于企业内部员工而言，股权激励是基于人性基础而设计的一整套长期激励方案，其目的在于激发员工工作动力、规范员工行为、推动员工实现公司股份价值增值。根据不同企业在不同发展阶段的需要，企业内部实行股权激励的方式是不一样的，企业可运用的股权激励工具也不一样。一般来说，股权激励主要有以下十种工具，如图 2-1 所示，我们将重点讲述其中四种常用的工具。

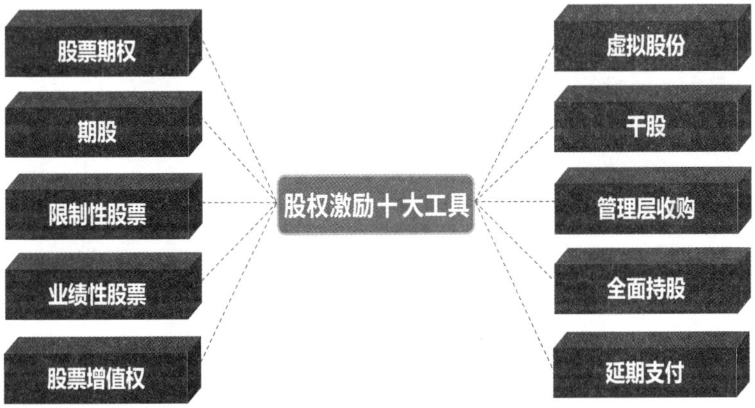

图2-1　股权激励十大工具

① 股票期权

股票期权是企业赋予高级管理人员或技术骨干以约定的价格和时间购买公司股份的一种权利。即企业在与高级人才签订合同时，授予对方未来以签订合同时约定的价格购买一定数量的公司普通股的选择权。他们有权在一定时期后出售这些股票，获得股票市价和行权价之间的差价利润，当然也有权放弃购买。这是一种长期激励方式，能很好地将企业高级人才与企业利益结合起来。

例如，某公司在2016年推出股票期权计划，允许公司高管在完成公司业绩目标的情况下，在2019年以2016年某个时期的股票价格购买公司的股份。当然，激励对象也有权放弃购买。如果他们努力工作，让公司股价上涨，那么当他们选择行权购买时便稳赚不赔了，这大大降低了激励对象购股的风险。

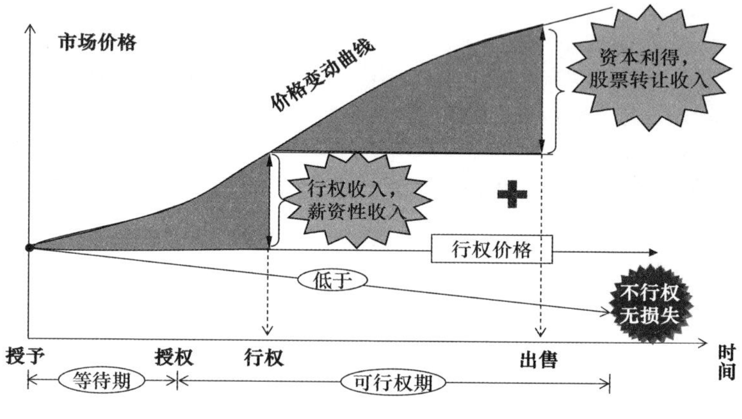

图2-2　股票期权的基本原理

从图 2–2 可以看出，企业高管只有通过努力工作，提升公司价值，进而促进公司股价上涨，才能在行权时获得更大的利益回报。

对于上市公司，由于股价受到多方面因素的影响，股票价格往往不能真实反映公司价值，这时股票期权的激励价值就不大。而非上市公司虽然没有流通股，但是往往更适合对经理人做股票期权激励。

② 期股

期股是企业向经营者提供激励的一种报酬制度，是经营者通过部分首付、分期还款而拥有企业股份的一种股权激励方式。这有效解决了经理人购买股份一次性支付现金不足的问题，和贷款买房有些类似。

期股也是具有中国特色的一种股权激励制度，它以分红回填的方式来激励经营者。期股中的首付可以成为企业经营的风险抵押金，因此，相比股票期权，期股对经营者的约束性更强。

激励对象上缴一定资金购买公司实股，同时获得公司一定比例的期股，实股加期股的分红资金会转为下一年度购买期股的资金，少补多发。当激励对象获得全部激励的股份后，便进入锁定期，随着时间的推移而逐步解锁，激励对象将获得真正意义上的公司股份。

一旦经营者对企业经营不善，公司股份分红就会减少或没有。这意味着激励对象要么自己出资购买公司的期股，要么放弃购买，已经出资购买的股份价值也会降低。这对激励对象来说，是个较大的惩罚。

期股激励：留住核心高管

赵总是M公司的总经理，在这家企业工作有7年了。近来，他似乎遭遇了事业发展的瓶颈期，所以有了离职创业的想法。公司老板好像也察觉到了这点，于是推出了股权激励计划，对公司各位核心高管进行股权激励。

对于赵总的激励方案，公司采取了期股激励的方式。公司决定授予赵总100万股的期股，每股价格1元。其中赵总需要先花25万元购买25万股的公司实股，剩下的75万期股通过股份分红回填的方式发放，在5年之内，公司每年最多向赵总出售15万股的期股，分批次转换。

实行期股激励之后，由于赵总的个人努力，再加上外部市场形势大好，在期股激励的第一年，赵总的100万股份就分得18万元的红利。于是，其中的15万元转为购买期股资金，剩下的3万元，赵总可以提现。

第二年，由于竞争激烈，赵总只分到13万元红利。于是，赵总需要补贴2万元购股，或者选择放弃补贴，只购买13万元股份。以此类推，在第五年的时候，赵总获得全部应有股份，进入行权期。这时，在公司章程允许的范围内，如果没有行权的其他规定，赵总可以对股份进行转售套现，获得溢价带来的收益。

③ 干股

干股又称分红股、技术股、贡献股，是企业奖励给高级管理人员和技术骨干等有突出贡献的员工的一种股份。

干股是一种虚拟的股份，获得者只有分红权，没有所有权、增值权和对企业的控制权等。它很好地解决了委托代理关系中两权分立的矛盾，将人力资源的收益与公司的经营成果直接相关联，可调动企业高管和技术骨干的积极性，激发其创造力。

干股激励的对象于在职期间可以享受公司分红带来的收益，一旦离开公司，则意味着对股份的放弃。干股是协议取得，而不是出资所得。

对于广大中小企业来说，干股激励方便快捷，不需对公司资产进行评估，激励的标的可以是整个公司，也可以是某个项目。比如某员工在某个项目中做技术开发，公司为了更好地激励他，决定对他实行干股激励，年底该项目盈利，该员工可以享受10%的分红收益。

对于那些新加入公司不久的职业经理人，通常存在一个适应、考察的阶段，如果公司马上对他们进行实股激励，往往并不适合。此时，更适合对他们先进行干股激励，一年半载之后，再考虑进行实股激励，逐步加大激励的力度。

④ 延期支付

延期支付是指公司将员工的部分薪酬，特别是提成、奖金和红利的一定比例在今后的若干年中分期支付的薪酬制度。

比如，某公司员工小李通过身股分红，在年底获得了 30 万元的红利。但是，公司之前就有规定，小李的红利需要分 3 年发放，所以他年底只能获得 10 万元现金，剩下的 20 万元在随后的 2 年中按每年 10 万元分批发给他。如果第二年他又有了 30 万元的红利，也是这样分 3 年延迟支付，他在第二年就可以拿到 20 万元的红利。如果小李中途离职，那么就意味着他放弃了公司分红的权利，后面有多少分红都不会再发放给他。

延迟分红是一把“连环锁”，它把员工“锁”在了公司。员工只有努力工作，才能获得更多的利益，一旦离职，便意味着要付出巨大的经济代价。除了延迟分红之外，还有延迟行权，它专门针对一次性行权发放股份过多导致股权激励对象后续动力不足的问题。比如前面的期股案例中，M 公司的赵总在 5 年之后获得了公司的 100 万实股，如果公司之前没有延迟行权的方案，那么他获得这 100 万的股份之后就可以马上套现退出，他将迅速失去工作的动力。但是如果有行权限制，比如分 3 年行权，赵总每年只能行权全部股份的 1/3，那么他全部套现退出，就需要一个较长的时间。在往后的时期内，他还必须努力工作，提升公司股价，以确保自己手中的股份能继续升值。

※不是所有人都适合做股权激励

是不是所有人都适合做股权激励呢？当然不是。到底该对哪些人进行股权激励，这是企业首先需要考虑的问题。一般来说，企业的管理层是企业优先考虑的对象。

对于非上市公司而言，股权激励对象范围的确定可以采用管理岗位上的经理层、关键岗位上的工作人员及董事会的主观认定的方式。如图 2–3 所示，企业的激励对象主要涉及三个层面：战略决策层、经营层、骨干层。具体来说，可以包括以下人员：

• 公司董事、总裁、副总裁、财务负责人；

• 中高层管理人员、部分副经理级别以上的核心业务骨干；

• 核心技术人员；

• 优秀的销售骨干人员；

• 公司董事会认为对公司长远发展有重要作用的人员。

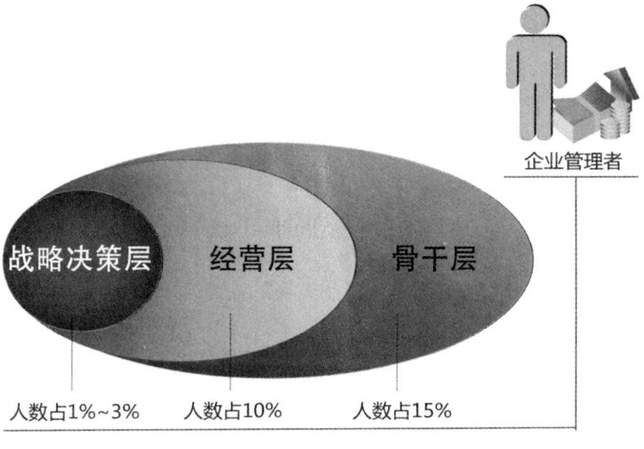

图2–3　企业管理层占比分析

不同人员的股权激励额度是不一样的，这由每个人在企业中发挥的作用决定，主要考虑以下几个因素：人员的能力级别、人力资本价值、岗位价值、历史贡献、难以取代程度、难以监督程度、忠诚度等。

一般来说，企业战略决策层虽然人数较少，但是对其激励的力度较大，无论是激励的强度还是激励的额度都会超越其他人员，激励的方式一般采用股票期权激励；企业经营层是企业战略实行的关键，对其激励力度也比较大，业绩股票、限制性股票、股票期权、期股都会成为对他们进行激励的工具；对于骨干层，激励的力度会稍微弱一些，一般采用虚拟股份、岗位干股或采用组合式的激励工具。尤其是对本部门的管理者，采用以本部门的业绩为激励标的的激励方式，更能收到良好的效果。

当然，针对同一岗位的“明日黄花”“时下英雄”和“未来之星”，激励方式也会有很大的差别。如图 2–4 所示，针对“明日黄花”，企业需要设计“金色降落伞”让其平稳着陆；针对“时下英雄”，企业需要打造“金手铐”激励他们创造更高的业绩；针对“未来之星”，企业则需要搭建“金色台阶”，帮助他们成长。

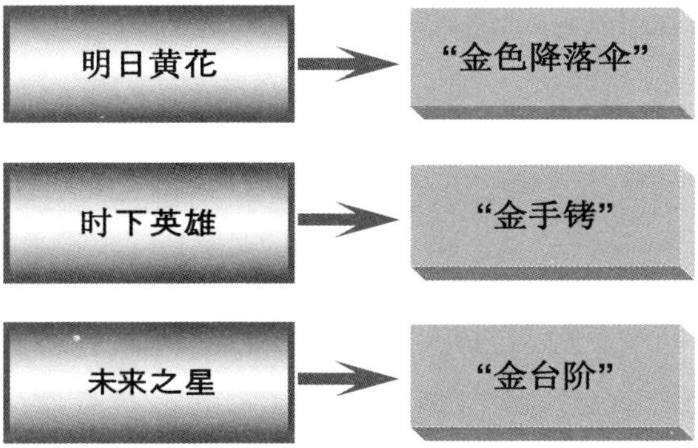

图2-4　不同人群股权激励策略

※逐步强化激励，锁定优秀人才

进阶式股权激励是一种逐步强化、延迟行权的长期性股权激励方式。对于“未来之星”和“时下英雄”，企业需要借助这种方式来长期激励他们，以发挥他们的最大才能，推动企业长远发展。

不少企业在做股权激励时，首先会为核心高管设计一个“一三五进阶式”的股权激励方案，然后在后期进行进一步的激励，如图 2-5 所示。

具体设计思路可以是这样的：1 年在职分红 +3 年滚动股票期权计划 +5 年分期行权逐步解锁，这种方式就称为“一三五进阶式”股权激励方案，如图 2-6 所示。

首先，激励对象通过 1 年的身股分红激励，获得公司认可；此时，公司可以考虑对他实行股票期权或期股激励，在 2 年的时

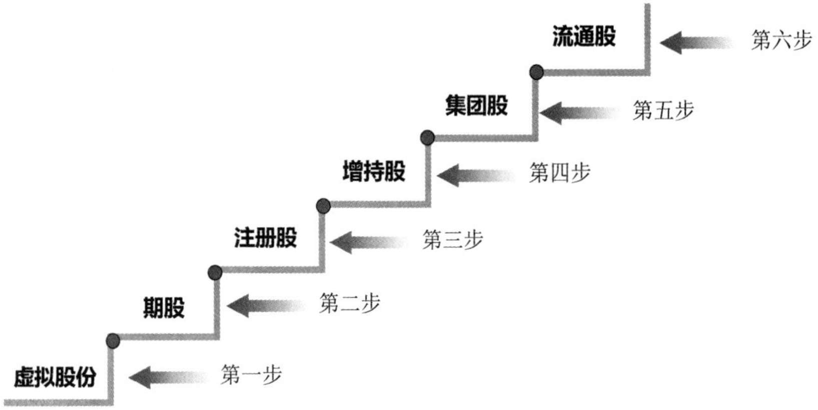

图2-5　进阶式股权激励

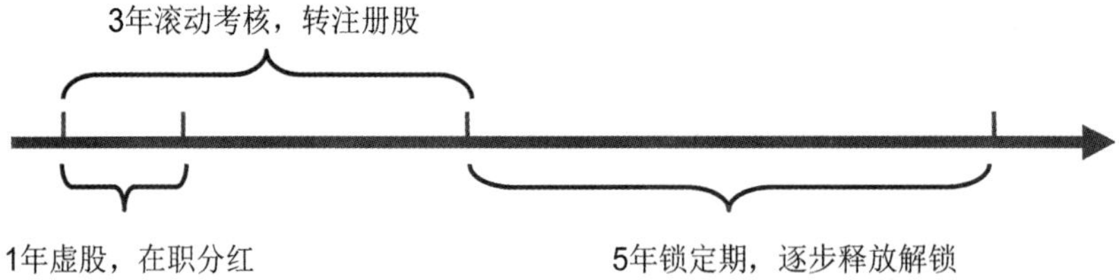

图2-6　“一三五进阶式”股权激励

间内，逐步将期股转化为公司的实股；进入行权期，激励对象有一个 5 年的锁定期，之后逐步释放解锁。经过这 8 年的时间，激励对象才能获得所有激励股份的所有权。这对不少企业来说，已经是一个长期的股权激励计划了。当然，我们可以缩短锁定时间，具体可根据企业情况而定。

当激励对象拥有部分股份的实际行权资格后，公司还可以根据需要考虑再次激励，对其实行增持激励方案，形成一个二次循环激励的体系。如果是集团公司，子公司的高管在持有子公司的注册股之后，还可以考虑让其持有总公司的集团股。如果集团公司上市，将会存在一个股权重组的过程，激励对象拥有的股份就可以变成流通股，在证券市场自由套现。当然，公司在遇到风险投资、并购重组、上市等重大事件时，还可以允许员工加速行权，以回报员工。

此外，也有不少企业采取的是“一二三进阶式”股权激励，其原理与“一三五进阶式”股权激励基本相同。

K公司的“一二三渐进式”股权激励

K公司是一家网络科技公司，主要开发手机应用软件。公司创始人周董（董事长）占有公司100%的股份。为了推动公司快速发展，吸引更多优秀人才加盟，也为了提升员工的工作积极性，留住更多优秀人才，周董在某年年初决定对公司的核心高管推行“一二三渐进式”股权激励方案，总体方案如下（省略了更多细节部分）：

1.此次股权激励对象包括公司总经理、副总经理、技术总监、市场总监、销售总监5位高管。

2.高管完成个人对应的绩效指标，公司分别授予总经理8%、副总经理4%、市场总监2%、销售总监2%、技术总监2%的虚拟股份，年底可以参与分红。

3.两年之后，虚拟股份激励对象完成个人对应的指标，可以将虚拟股份中的一半股份转化为实股，剩余部分仍然享有身股分红。购股资金从当年红利中扣除，多退少补，不足部分可以延迟两年补齐。购买价格以当期股份评估价格的5折为标准。

4. 获得公司实股后，激励对象的股份进入3年锁定期。这3年之内会逐步释放解锁，第一年解锁34%，第二年解锁33%，第三年解锁33%。

5. 激励对象离开公司，解锁的股份需要先售卖给公司，售卖价格以当期价格为准。未能解锁的部分以及剩下的虚拟股份视为自动放弃，但是购股资金会原额返还。

以上案例中的K公司，通过这种股权激励方式获得了较好的发展。

2.2 股权捆绑经销商

利益不一致是导致厂家与经销商发生冲突的根本原因。股权捆绑经销商，就是从根本上解决这一核心问题，让厂家与经销商之间从利益不一致到基本一致，从合作关系松散到紧密合作、协同发展。

厂家对经销商，可以说是既爱又恨。爱的是经销商是厂家产品销售的发动机，是产品铺货的中转站，也是厂家价值链条中不可或缺的重要一环；恨的是经销商往往不受控制，不能按照厂家的要求铺货，因为经销商有众多的厂家可以选择，对某些厂家的产品，往往不会全力销售。

关于销售环节，厂家希望：第一，压缩经销商渠道，实行渠道扁平化。不少企业借用互联网模式销售产品，例如，小米手机一开始没有经销商渠道，就是直接在网上销售。第二，加强对经销商的管控，让经销商逐步成为厂家的分公司。

这是我们接下来探讨的重点。

※股权捆绑实现利益一致

厂家为什么需要经销商？因为经销商是厂家进入某一地区市场的开路先锋，是产品能够快速铺货的重要力量。厂家没有当地市场和区域优势，只能依靠经销商，依靠经销商的分销渠道、物流资源、仓储资源等，让产品快速下沉。

经销商对厂家来说意义重大，但是经销商往往不受控制。主要表现在经销商不按照厂家要求销售，经常出现冲货、砸价等扰乱市场的行为，或者经销商不把厂家的产品作为主力产品，卖货没有动力等。

厂家该如何激励经销商？

一方面，厂家可以给予经销商更多的利益和好处。比如，经销商销售厂家的产品达到一定数量，年底可以获得返现；终端铺货达到一定标准，可以获得相应的奖励，得到一定的资源协助等。这些物质方面的激励，短期内能收到较好的效果。但是，当其他厂家纷纷效仿时，这种激励方式就会失去效力，经销商同样会没有销售动力。

另一方面，签署排他条款，通过股权利益捆绑经销商。这种方式对经销商的激励是长期的。经销商拥有厂家的股份，他的切身利益就和厂家的利益捆绑在了一起。厂家效益好，公司股价上涨，经销商也能分享其中的财富效应，这更好地激发了经销商的销售动力。海尔电器、格力电器、泸州老窖等都对经销商进行过股权激励，取得了良好的效果。

格力电器：用股权捆绑经销商

珠海格力集团创立于1985年，是目前全球知名的集研发、生产、销售、服务于一身的企业集团之一。它连续12年占据国内空调市场销量第一的位置，连续9年上榜美国《财富》杂志“中国上市公司100强”。

一直以来，格力电器独特的销售模式都是业界关注的焦点。忠诚的经销商队伍和畅通可控的销售渠道是格力电器开疆拓土的利器。

不过，在格力电器董秘（董事会秘书）刘兴浩看来，虽然格力电器的经营业绩证明着格力模式的成功，但这种模式一直备受争议。其原因之一就是格力电器与经销商之间没有股权关系，厂商关系仅靠双方的诚信、共同认可的企业文化和经营理念来维系，基础不稳固。

2007年，经珠海市政府和国资委批准，格力集团将所持格力电器股份中的8054.1万股转让给了河北京海担保投资有限公司，后者占格力电器总股份的10%。格力集团占29.74%的股份，仍是第一大股东。

河北京海担保投资有限公司是一家由格力电器的经销商组成的合资公司，涉及重庆、河南、河北、山东等地的10家销售公司。据了解，这10家经销商在2006年的销售额占格力电器内销总额的65%以上，是格力空调的主力经销商。此次股权转让总价款为10.27亿元。根据相关协议，京海公司在未来12个月内将不再增持格力电器股权。其中，已经受让的股权在2009年3月8日前不得流通、转让。

刘兴浩认为，本次股权转让最大的意义就在于格力电器与经销商建立起了一种产权关系，从制度上将二者利益牢牢捆绑在了一起。这将更加充分调动经销商的积极性，有利于厂家和经销商建立更加和谐、共赢的战略合作伙伴关系，也进一步提高了格力电器的市场竞争能力。另外，对格力集团来说，一方面兑现了股改时的承诺——为格力电器引入战略投资者，所得10亿余元收益对改善公司内部财务结构、调整产业结构也有一定作用。另一方面将股权转让给经销商，可相对改善格力集团长期以来国有股东一股独大的局面，完善公司治理结构，从制度上确保格力电器的持续健康发展。

实践证明，此次股权转让推动了企业的快速发展。2008年，格力电器实现销售收入420.32亿元，净利润19.67亿元；2009年实现销售收入426.37亿元，净利润33.80亿元；2010年实现销售收入608.07亿元，净利润42.76亿元。

※用期权激励经销商进货

对于经销商来说，上游厂家供应商众多，可选择销售的产品品牌也很多，厂家如何让经销商更加用心销售本公司的产品而不是竞争对手的产品呢？核心就在于激发经销商的动力。如果经销商销售你的产品能获得更大的利益，那么他就会更加用心地销售你公司的产品，股票期权激励方式正好满足了这种需求。

前文我们已经探讨过企业针对内部员工的股票期权激励，它能让员工看到好处再花钱购买，降低了激励对象的投资风险。同样，让经销商看到好处再花钱购买企业股份，其动力也会被迅速激发。

不过，这里需要设计一定的限制条件，比如经销商进货超过10万件，可以获得10万股股票的期权，行权价格以签订协议时期的价格计算。假如当时公司的股价是1元，1年后，经销商销售了14万件产品，便可以以1元的价格购买公司的股票。由于经销商的努力，公司的股价可能已经上涨到2元1股了，而此时经销商再行购买，便意味着赚了1倍的钱。当然，在这之前，厂家必须与经销商达成协议，那就是在出售股票方面有一定的限制，避免各种投机行为对公司造成不良影响。

泸州老窖：用期股激励经销商

泸州老窖可以说是白酒行业领域最早对经销商实行股权激励的公司。由于对经销商实行了股票期权激励，从2006年到2010年，泸州老窖的股价上涨了7倍多，由最初的10元左右上升至76.6元。2008年，虽然受金融危机的影响，泸州老窖的股价大幅回落，但依然维持在20元至40元。

2006年，泸州老窖对内部高管进行股权激励，同时采取定向增发的方案，拟定将经销商纳入激励对象当中，实现经销商股东化，进一步提升销售额。2009年，泸州老窖创造了“经销商期权模式”，为新一轮的营销神话铺就了一条康庄大道。

泸州老窖与经销商在全国各地建立了经销联盟公司，根据各经销商入股前一年销售泸州老窖主打产品的销售额向其分配持股比例，并预留了一定股权给新进的经销商。同时，原片区内的销售人员也入股联盟公司，成立片区销售公司。通过这种联盟模式，泸州老窖构建了公司发展的新联盟，增强了公司核心竞争力，降低了企业的经营成本，也激发了销售人员和经销商的动力。

※将经销商变成厂家的分公司

控股经销商，将经销商变成自己的分公司，是很多厂家都想做的事情。但是不少厂家往往没有这个实力，尤其是刚刚起步的厂家，对经销商的把控力度非常弱小，更别说控股经销商了。那么，厂家如何实现既定的目标？图 2–7 指出了一条明确的路径。

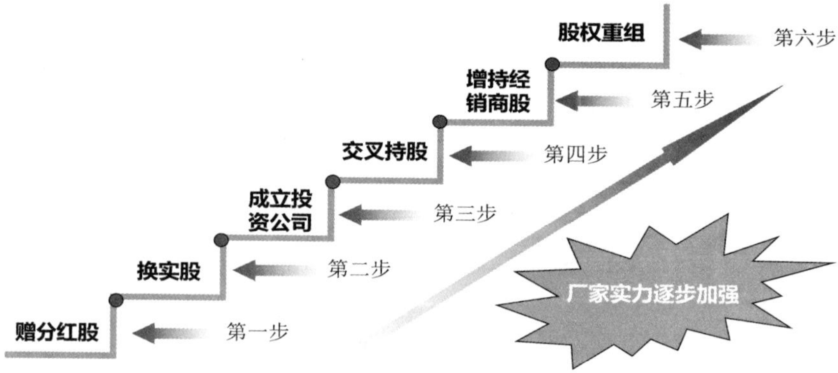

图2–7 厂家逐步控制经销商的路径

第一步：赠分红股

刚开始，厂家实力不强，为了鼓励经销商卖货，可设置一系列的物质激励措施，包括进货返现、进货补贴、多进多赠送等。当有一定的利润收益、账面上资金较充裕时，厂家可以考虑对经销商进行身股激励。比如，厂家约定经销商一年内进货达到2000件，且不违反公司经销管理的相关要求，则一次性授予经销商5%的身股分红。到年底，以营业利润的40%为标的进行分红，假如公司年底有500万元的利润，那么就拿出200万元作为经销商分红。某经销商有5%的身股分红，便意味着他年底有10万元的现金收益。

这种方式就是为了激励经销商，然后在后期做实股股权激励。当然，我们也可以采用股票期权、期股、限制性股份等激励方式，视具体情况而定。

第二步：换实股

通过第一步分红股的激励方式，厂家已经调动起一批经销商的热情，使他们按照厂家的标准积极销售。但是，经销商仍然不会把厂家的货物作为主力产品或停止销售厂家竞争对手的产品，因为仅仅依靠该厂家，还不足以支撑其以前的业绩总额。此时，厂家处于快速发展上升期，可以考虑采用股票期权或期股的方式激励经销商，往往能收到较好的效果。

厂家可以先约谈经销商。比如双方约定，若经销商在2年内完成公司销售指标，经销商手中的身股可以转化为公司实股，同时获得同等比例的期股，期股的购股资金可从总股本的红利中相应扣除，多退少补。当经销商完成相应业绩，实现期股转实股的目标之后，2 年内不得套现、转增。如果公司上市，则不受此限制。

当然，在这个阶段设计此股权激励方案，一定要先考虑经销商的接受度。如果股权激励方案对他们没有吸引力，调动不了他们的积极性，那还不如不做这种制度性的安排。

第三步：成立投资公司

当不少经销商已经真正持有厂家的实股时，厂家可以考虑成立一家投资公司或持股公司，将经销商持有厂家的股份都转入这家投资公司或持股公司，如此可以避免股东过多带来的不必要麻烦。

考虑到公司控制权的问题，在成立投资公司时，厂家的创始人可以做好股东的结构性安排。比如厂家创始人可以将自己的股份一分为二,一部分股份仍然留在厂家，占据控股地位，另一部分股份转入投资公司，保证在投资公司的相对控股地位。在公司治理结构上，厂家创始人要把握对董事会的控制权，避免权力旁落带来的一系列问题。同时还要做好统筹规划，尤其是在后期有新股东加入、持股比例被稀释时，厂家创始人要做到让自己处于相对控股的地位。

第四步：交叉持股

当厂家与经销商保持良好的关系，经销商持有少量厂家股份并尝到甜头后，厂家可以进一步约谈经销商，考虑互相持股，捆绑发展。

此时，经销商对厂家的股份很感兴趣，但是经销商没有足够资金购买厂家股份。同时，经销商认为让厂家持有本公司的股份，也能为自身发展带来帮助，于是，一个交叉持股的方案就会被敲定。

此时，厂家的体量是远远大于单个经销商的，厂家只需用少量的股份就可以换来经销商较高比例的股份。通过对几个核心经销商的利益捆绑，厂家就可以牢牢把控销售渠道，大大降低销售风险。

第五步：增持经销商股

经过前面四步的发展，厂家已经处于一个较强势的地位。厂家股份价值大幅度提升，抗风险能力也逐步增强，经销商对厂家的依赖性越来越高。此时，厂家可以考虑增持经销商股份，将经销商变成自己的分公司。对于可增持的经销商，厂家也会将资源向他们倾斜，将其发展为地方总代理，并协助他们完成下游渠道拓展，增强终端铺货能力等。

第六步：股权重组

如果有风险投资进入，或者公司有上市的计划，厂家可以根据融资需要，规范公司股权结构和治理结构。比如，将所有管理人员和经销商股份纳入一家控股公司统一管理，将子公司的股份纳入控股公司，成立高效、专业的董事会、监事会、股东大会，聘请外部董事等。

H公司的经销商交叉持股

H公司之前是一家新材料研发工作室，依靠自身专利技术，推出了一款可降解的餐盒产品。后来，在天使投资人的帮助下，H公司成立了一家注册资金为200万元的塑料餐盒生产企业。

由于可降解餐盒的生产成本比传统餐盒高出10%，因此价格也略高了些，H公司在销售上遇到了困难。近期，H公司申请的政府补贴文件终于下来，条款规定：H公司每卖出一箱可降解餐盒，可获政府补贴2元。之后，H公司便将该产品的出货价调为和其他生产传统餐盒的厂家的出厂价一样，但是经销商进货的积极性并没有很大提高，因为他们有合作的生产企业，并且老产品已经卖习惯了。

为了鼓励经销商铺货，用新产品抢占更大的市场，H公司决定对经销商进行身股激励。如果经销商在本年度可降解餐盒的进货金额累计达到50万元，授予其0.5%的身股分红；累计金额达到100万元，授予其1%的身股分红；累计金额达到200万元及以上，授予其2%的身股分红。分红标的以公司销售额为准。

实行身股激励后，2016年底，H公司销售额达到2000万元，毛利润达到400万元，另获政府补贴200万元，经销商身股分红累计达到230万元。经销商尝到了甜头，其中有好几家经销商获得几十万元的分红。这对大家来说都是极大的激励。因为这个行业利润并不高，几十万元已经占了经销商一年收入中的很大比例。

2017年，H公司为了获得更快速的发展，开始考虑对这些经销商进行股票期权激励。公司请专业人士对资产进行了评估，合计为1亿元人民币，拆分成10万份，每股股价1000元。

H公司约定，如果经销商一年内可降解餐盒的进货总金额为300万元，则可以在年底选择购买公司实股300股；进货总金额达到200万元，可以购股200股；进货总金额达到100万元，可以购股100股；而进货总金额低于50万元，则没有购买股份的资格。购股价格以当期合同签署时的评估价格为准，购股数量不超过300股。购股资金可有多种选择方式：一是从身股分红中扣除；二是经销商自己出钱购买；三是以同等价值进行交叉换股。不少企业完成了销售目标，选择了交叉换股的方式。

之后，H公司开始向经销商渗透，帮助经销商开拓下游渠道，对其员工进行定期培训，并帮助他们整合其他小的经销商或分销网络。

经过4年多的发展，H公司已经由一家最初注册资金为200万元的小企业发展成集各种环保餐具生产于一身，年销售额达100亿元的大型集团公司，牢牢占据了行业第一的地位。总的来说，它的成功主要来自两方面：一方面在于掌握了核心技术；另一方面就是采取了股权激励经销商的经营模式。

※入股基金，增持厂家股份

通过厂家、经销商、投资者三方联合成立基金公司，或者委托第三方（券商、信托公司或银行）进行基金计划管理，增持厂家股份。厂家为实际控制人，在厂家的安排下，为经销商提供信用担保，来完成投资和激励计划。这种激励方式，一方面可解决经销商购买厂家股份的资金来源问题；另一方面由厂家进行兜底承诺，同时在实际控制人的委托管理之下进行，可确保双方的利益。

经销商参与投资持股，很容易获得相应的利益和好处。不过在这样的前提下，厂家提出业绩增长目标，经销商达成相应目标，才能获得相应利益。这种方式可让经销商和厂家共同关注厂家的业绩和市值。

喜临门：让经销商增持股票

某年，喜临门家具股份有限公司（以下简称“喜临门”）发布公告，通过设立基金的方式，让经销商增持公司股票。为了解决经销商资金来源问题，公司实际控制人陈阿裕为重要加盟商提供担保、兜底以进行融资，鼓励其在资源合法、合规的基础上买入或增持公司股份。从表面上看，这是一种股权投资行为，实际上这是喜临门针对经销商进行的一次股权激励。

根据公告，喜临门设立“财通基金——新安9号资产管理计划”，实际控制人陈阿裕在提供个人担保完成1：1.5（自筹资金与融资资金比例）的融资之后，委托证券公司在对应托管银行监督下进行专业化投资管理。

“新安9号”的加盟商、投资者通过实际控制人委托托管券商，在二级市场以不高于9.5元的价格买入喜临门的股票。

实际控制人承诺：在喜临门达成相关业绩目标的基础上，

所有增持人员的总投资（含融资资金）年化收益率不低于15%（融资利息由增持人员自行承担）。如果业绩目标达成，而“新安9号”收益率低于15%，实际控制人将以现金方式补偿直至所有增持人员的总投资年化收益率达到15%；如果业绩未达成本条款上述规定的目标要求，则实际控制人向增持人员承诺5%的投资本金收益率，融资利息及相关手续费用将由实际控制人承担。

此方案一出，喜临门股价应声涨停，报每股10.85元，较增持价格上涨了1.72元，涨幅达到18.84%，“新安9号”的加盟商、投资者等皆轻松浮盈千万元。

案例中喜临门的这一方案，不仅让实际控制人获利，还让参与的经销商、管理者获利，让投资者获利。

2.3

股权捆绑供应商、终端店

作为企业资源的提供者，供应商在某种情况下会影响企业的经营生产，甚至决定企业的生死。为降低企业经营风险，企业可以考虑实行交叉换股，实现彼此利益的捆绑，保障企业经营的安全。

供应链是围绕核心企业，通过对商流、信息流、物流、资金流的控制，从采购原材料开始，制成中间产品及最终产品，最后由销售网络把产品送到消费者手中的功能网链结构。

这种网链结构将供应商、制造商、分销商、零售商、最终用户等连成一个整体，彼此利益交错，难以分割。

供应链中的每一个环节对企业来说都意义重大。但是不同的经营环境，导致企业在对待自己的供应链问题上，往往会有所侧重。比如，有的企业可能对上游供应链的依赖性大于其他链条环节；有的企业则比较倚重零售商，尤其是终端零售商对企业发展的影响超过其他任何环节；对于有的企业，经销商甚至是它的生命线……

在前文中，我们探讨了厂家如何实现对经销商的管控问题，涉及的是下游供应链体系。而在本节，我们则主要探讨厂家对上游供应商和终端门店的管控，分析企业如何借用消费型股权来串起核心供应链体系，为自己的发展壮大保驾护航。

※交叉换股捆绑供应商

供应商是指那些向买方提供产品或服务并收取相应报酬的实体，是可以为企业生产提供原材料、设备、工具及其他资源的企业。

供应商管理是指对供应商的了解、选择、开发、使用和控制等综合性管理工作的总称。供应商管理的目的，就是建立起一个稳定可靠的供应商队伍，并为企业生产提供可靠的物资供应。

对不少企业来说，供应商对企业的意义往往高于其他方面。企业需要想方设法与供应商进行利益捆绑，联合经营。

比如，对于一家钢铁生产厂，其上游供应商铁矿石、煤炭等生产企业对它来说意义非凡；而对于一家经销商店，其上游产品供应商（厂家）对它来说也很重要。

和供应商进行交叉换股，一方面上游供应商可以获得下游渠道的资源，另一方面下游渠道也可以获得上游产品和资源的有效供给。

L 公司捆绑供应商

L 公司是一家全国连锁的建筑装修公司，凭借优秀的产品、良好的信誉和优质的服务赢得了良好的口碑，成为全国知名装修品牌。

不过，L 公司的发展也遇到一些问题，就是对上游产品供应商依赖性过强，尤其是对高品质油漆的需求，特别依赖 M 公司。M 公司是一家新材料研发企业，虽然成立时间不长，但其掌握了高科技油漆产品的专利，牢牢掌握了新产品的市场话语权。

M 公司生产的新型油漆很特别，这种油漆是一种海洋生物油漆，不含任何有害物质（比如甲醛及其他异味），散发着大自然的芳香。这种油漆能够在潮湿天气保持墙壁的干燥，在干燥天气保持空气的湿润，有一定的冬暖夏凉的功能；同时配合不同强弱的光照，墙面还能呈现不同颜色，十分好看。这种产品一经推出，就备受市场欢迎，尤其是高收入人群成了它的主力消费群体。

L 公司代理的这种产品占据了本公司市场份额的 10% 左右，利润贡献却达到 50% 以上。所以，L 公司特别重视和 M 公司的合作。

而 M 公司受制于海洋生物材料及自身财力，产能有限，所以供给往往不能满足需求，这也就造成 L 公司经常出现该油漆断货的现象。而下游的客户因为看到 L 公司有这种产品，才指定 L 公司来做装修。没有这种产品，L 公司的利润就会被拦腰斩断。伴随着 L 公司的快速发展，它对该产品的依赖性也越来越强。

为了解决这个问题，L公司决定和M公司捆绑发展，推出了消费型股权经营计划。L公司与M公司达成交叉换股的协议，协议中，L公司以10%的股份及1000万元的现金，换取M公司15%的股份。协议规定，M公司生产的海洋生物油漆将优先保证对L公司的供应，如果开发出其他新材料，L公司有优先进货权。这样，M公司在资金短缺的情况下，除了获得1000万元现金用于扩大再生产和研发经费外，还获得了L公司在全国的营销渠道，以确保产品的推广和销售的稳定。而L公司获得了M公司的股份，一方面可以获得股份资产的快速增值，另一方面确保了产品供应的稳定，可以说是一举两得。

※外包+股权：实现轻资产运作

不少企业在发展过程中可能会遇到这样的问题：公司快速发展，产品需求快速上升，进而刺激企业扩大生产规模，加大生产方面的投资。但企业扩大生产投资规模，会加重企业的财务负担，并且重资产的经营方式本身也会加大企业的经营风险。

在竞争激烈的市场背景下，伴随着互联网时代经营环境的改变，轻资产的运营模式越来越受到企业的欢迎。为解决上述重资产模式带来的问题，企业可以考虑采取“外包+股权”的经营方式。

“外包+股权”的方式主要是将那些对企业利润贡献不高

或是投资金额过大的部分，外包给其他人或企业去做，然后企业通过入股的方式，加强对外包方的管控。外包的组织通常是生产、组装型企业。

R公司的“代工＋股权”运营模式

R公司是一家鲜蛋生产和销售企业，产品供应浙江、江苏、上海地区的大部分超市。R公司的鲜蛋采用传统的自产自销方式，销量增加，便意味着企业需要扩大养殖规模，生产更多的鲜蛋。

以前，R公司在扩张中采取的是“股权融资＋扩大生产和销售”的方式。这样的发展模式带来两个非常严重的问题：一方面，股权被一步步稀释，创始人拥有的股份由当初的75%变成了现在的35%；另一方面，R公司收购更多的养殖场后，成本开支大大增加，同时扩大生产规模占用了企业更多的资金，导致企业流动资金紧张。

面对可能遇到的风险，R公司对原有发展模式进行了升级，采取了“代工＋股权”的运营模式。R公司联合外部的中小型养殖场，对它们实行资金入股，提供技术、设备和管理方式，同时包销全部的鲜蛋。由此，R公司将原本重资产的模式转变为轻资产的模式。原先养殖场需要由总公司全权统筹管理，生产效率并不高，现在总公司将原本属于自有养殖场的资产转化为以养殖场老板为主、总公司持有部分股权的模式后，养殖场的生产效率大大提升。R公司牢牢掌握了利润最高的环节——鲜蛋销售，紧紧掌控住产业链的话语权。

案例中R公司经营模式改良后，公司的流动资金大大改善，市场份额迅速扩张，企业利润也节节攀升。

※表外融资：解决资金不足问题

不少中小企业可能都遇到过这样的问题：企业因为流动资金不足，无法扩大再生产。此时，企业需要解决的是融资的难题。但是，很多企业既没有固定资产可以抵押，也没有无形资产进行质押，很难获得银行贷款。企业即使到私募市场募集资金，但投资者考察项目也有严格的要求，很多企业过不了风投这一关。

如果企业找小额贷款公司贷款，20%或30%的利率成本又让这些小企业无法承受；而债务融资会大大增加企业的负担，提升企业的经营风险。有私募或上市计划的企业因为资产负债率过高，往往很难获得融资。这都会对企业发展产生非常不利的影响。

企业需要扩大再生产，往往需要购买大量设备，而庞大的设备资金款项常常让很多企业无法承受。此时，如果企业利用公司优先股来换取上游供应商的设备，则能很好地解决这个问题。当然，采取金融租赁的方式也是一个很好的选择，但这需要找到一个可以运作该业务的金融租赁公司，对资产进行托管。

企业如果对供应商依赖性较强，需要与供应商进行捆绑式发展，采用优先股的形式会比较好，在后期可以考虑将优先股转化为普通股。这种方式既不会增加企业的债务负担，也不会使企业失去股权，是介于债务融资和股权融资之间的一种优良方式，我们暂且把它称为表外融资模式。

所谓表外融资，是指企业以一定的权益换取企业发展所需的资金。这种方式的融资不列入资产负债表，因为表外融资不是公司的债务，即该项融资既不在资产负债表的资产方表现为某项资产的增加，也不在负债及所有者权益方表现为负债的增加。

用优先股换设备

K公司是一家经营儿童游乐场的连锁企业，拥有国家颁发的相关资质证件，目前在深圳、广州经营了数十家儿童游乐场，企业发展蒸蒸日上。

K公司的游乐场主要建在公园，场地都是租来的，但是游乐场设备是买来的。厂家往往不愿意出租游乐设备，因为时间太长，并且出租回收会很麻烦：一方面需要更多车辆去装载，另一方面收回来的设备已经旧了坏了，基本无法再使用，还要占用库存。

对K公司而言，购买设备是一个很大的压力。公司既没有土地，也没有可抵押物，更谈不上无形资产。即使有设备，也已使用很久了，不怎么值钱。况且，游乐设备在运转过程中一旦出了问题，造成人员伤亡，游乐场很容易被查封，存在不小的经营风险。

近期，又有好几家公园向K公司伸来橄榄枝，邀请K公司开设儿童游乐场，但因资金有限，K公司不敢随意扩张，发展遭遇瓶颈。

在一次课堂上，K公司的老总向我讲述了他的情况，要我给个建议。我向他讲述了两个方案。

第一个方案就是融资租赁。K公司去找一家租赁公司作为中间商，这家公司可以是专业做租赁的，也可以是商业银行。双方签署租赁合同，规定K公司购买设备时由租赁公司帮助垫付款项，进行设备托管，待K公司实现盈利后，以分期付款的方式将租赁款项还给租赁公司。所有款项结清之后，游乐设备的所有权归K公司所有。

K公司和租赁公司去找设备生产厂家谈判，决定购买设备厂的游乐设备。价格、服务都谈妥后，三方签署租赁合同。租赁公司一次性将款项打给设备公司。后期服务问题由K公司与设备公司对接。

这种方式虽然不错，但是无法捆绑设备厂商。并且，儿童游乐设备需要定期检修，这都需要厂家的配合。同时金融租赁公司会承受较大的风险，因为游乐设备这种固定资产要变现很难，一是运输麻烦，二是寻找买家困难，再加上国家对儿童游乐设备审查较严，一旦出事故，游乐场会面临被查封的危险。基于这一点，租赁公司不太愿意承接这样的业务，即使承接也会提高贷款利率，这对K公司来说压力太大。

第二个方案就是表外融资。K公司直接与设备厂家签署协议，以优先股分红的方式进行股权换设备的合作。比如购买设备款项是500万元，那么K公司就拿出价值500万元的优先股进行置换，假设每股1元，就是500万股。设备公司每年可以参与公司优先股分红。如果公司经营不善，设备公司享有优先清偿的权利。只不过，优先股没有决策权。

根据协议，3 年之内，K 公司必须每年回购 100 万股。在第四年时，对于剩下的 200 股，设备公司可以选择要求 K 公司全部回购，也可以考虑将优先股转化为普通股，享受公司升值带来的更高收益。

由此，一方面可以解决 K 公司缺少资金购买设备的问题，另一方面还能有效捆绑设备厂家。设备厂家也会很关注 K 公司的发展情况，因为 K 公司发展了，便意味着股份价值的提升，其可以获得更大的收益。这样，设备厂在派出设备维护人员时会更加勤勉，对设备风险的防范也会特别在意，因为一旦出事故，可能会影响自身收益。

听了我的解说后，K 公司老总决定选择第二个方案，那就是采用优先股换设备的表外融资模式。如此，一方面，K 公司可以有效捆绑设备厂商；另一方面，这种方式不会列入资产负债表，这对于不久之后将考虑私募融资的 K 公司来说，是个绝佳的方案。

从 K 公司的案例，我们可以得出结论：对于那些贬值速度很快的、价值比较高的资产来说，使用表外融资的经营性租赁是个很好的办法。

2.4 高效管控连锁门店

连锁门店就像是围绕太阳运转的行星，虽然它们受总部的管控，但与总部存在较远的距离，企业要让它们按照总部意志开展工作，就必须依靠某种“引力”去激励它们。而股权就是这种无形的“引力”，可确保各连锁门店在正常轨道上运转。

伴随着经济的快速发展，连锁门店、连锁企业已经成为一种新常态，个体户单打独斗的时代已经一去不复返。连锁企业的集群效应在发展过程中能够很好地体现自身的优势，比如降低产品采购价格，提高议价能力；通过标准化、规范化的管理树立起产品或服务的良好形象；在客户心中形成品牌认同等。

然而，不少企业在发展连锁经营的模式时，也遇到了不少问题。比如，一家美容院，一年可以实现20万元利润；两家美容院，总计利润达到36万元；开5家连锁美容院时，总计利润达到46

万元；而开到 15 家美容院的时候，合计利润有可能成为负值……这就是现今不少连锁企业遇到的问题，连锁门店越开越多，单个门店的利润却越来越少。五六家门店，老板还能管得过来，一旦发展到 10 家、20 家，老板根本无法顾及。此时，店长黑老板、员工黑老板的问题便时有发生。员工没有动力，管理一片混乱，亏损门店逐渐增加，整体盈利也就迅速降低。

同样，那些一心想把企业做大做强、开出更多分公司的老板也非常头痛。经营一家公司，老板能管理得井井有条，可是一旦决定派高管去外地开分公司，老板就很紧张，不知道自己投资出去的钱是不是会打水漂，不知道这些人靠不靠谱，会不会把市场给做坏了……

管理的问题往往是在内部，所以在视线范围内，管理能够发挥很好的功效。而激励机制的问题在人内心，即使不在视线范围，员工也能实现自我管理，关键是企业需要建立一套能够让员工从内心深处实现自我约束管理的机制，消费型股权激励恰恰能够实现这样的目标。

消费型股权激励模式有一种无形的力量，可吸引外部的分公司、分店围绕在企业总部周围自动运转。如果我们将总公司比作太阳，那么分公司、分店就是围绕太阳运转的行星，股权就是这种“引力”，它让“每颗行星”按照各自的轨道在整个系统内保持良性发展。

※老板不要害怕员工有创业的想法

很多老板特别害怕员工有创业的想法，认为员工一旦出去创业，公司不但会失去一位人才，还可能会被带走其他人才和市场资源，对企业自身构成了竞争挑战。尤其是连锁门店，不少店长通过经营门店已经积累了丰富的实战经验、人脉和资金，自己出来创业，开一家同样的门店往往特别容易。所以，很多老板对这些有可能自己出去创业的人员有很强的戒备心理，会想方设法限制他们出去创业。比如，采购部门交给其他人员管理，不让店长插手；店里的客户要统一上报给总部，包括每个客户的详细情况、跟单记录；总部经常派督导进行巡查，检查分店的经营情况；总部对分店的账款进行统一管理；老板想方设法削弱店长的实权；等等。

这些方式虽然表面上遏制了店长出去创业的想法，但实际上限制了店长自我经营才能的发挥。店长没有经营实权，很容易失去动力，这对分店的发展将是一个非常大的打击。同时，总部对分店限制过多，也容易造成店长没有归属感，反而增大了其离职创业的可能性。

同样，不少开设分公司的集团公司也是如此，总部对分公司老总限制过多，分公司老总很难施展才能；总部放任不管，分公司老总又很可能会借用公司力量为自己牟取私利，损害公司的利益。

针对上述问题，企业老板有两种解决办法：一种是对分公司或分店进行量化、模块化管理，就像麦当劳、肯德基，它们店长的作用非常小，培训好的店员按照各自的模块分工合作，基本上就没什么问题了。当然，这需要企业有成熟的体系，并且各店所拥有的市场机会没有太大的差别，各分店店长也不需要过多发挥自身的经营才能。

对于高度依赖经营者经营能力的分店和分公司，企业可以采取股权激励的方式，授予店长和店员一定比例的股份，让他们成为分店的主人，增强他们的归属感，激发他们的斗志。

对于不少连锁企业，分店的店长在管理门店时，之所以会出现各种猫腻，往往是因为分店店长拿的薪酬是“固定工资+管理提成+业绩提成”。这种薪酬结构是一种短期薪酬结构，在一定程度上造成了店长只关心短期效益的情况。

因此，会出现店长为了提升业绩、不考虑成本控制，店长吃回扣、提高进货成本，产品价格不统一、扰乱市场，店长不把门店当回事、认为反正亏损与自己也没多大关系，欺骗客户、夸大产品功能等现象。

要解决这些问题，企业需要建立一种长期激励机制，将店长和店员与门店利益进行捆绑。股权分配方案，就是基于这样的需求而设计的。

捆绑店长与门店利益

李女士原先是一家美容店的员工，后来掌握了这门手艺，自己单独开了一家美容店。凭借自己的勤劳及从小在父亲那里学来的经营智慧，她很快就将美容店开到了4家。可这时出现了一个问题，店里的优秀员工总是不断离职。前段时间，有个优秀的店长也走了，这让她很是失望。

李女士知道，美容行业进入门槛很低，一般进来的学徒在店里工作一段时间，就已经能很熟练地掌握这门手艺了。在做美容的过程中，员工常常能和客户建立起一种很亲密的关系。这个店员一旦离职，也会带走一群客户。当初她自己也是这样，一方面学会这门手艺，另一方面积累了不少客户关系，手上也有了一定的积蓄，就自己开店了。

李女士不想让自己的员工变成第二个、第三个自己，她希望有更多的人加入自己创建的平台，一起做大事业，打造一个美容行业的“航空母舰”，在全国各地开更多的美容分店。

经过我的指导，李女士决定改变以前的做法，她告诉所有的店员：如果员工有自己创业的想法，店里可以帮助她实现。可采用的合作方式有两种，第一种，店员可以选择和公司合资成立分店；第二种，公司全资开设分店，由店员参与经营，分店股份比例以出资额大小和参与经营的人力资源入价，进行合理的比例计算。比如总店和店长各出资一半开设分店，考虑到店长参与经营管理，那么店长可以占股60%，总部占股40%，但前提条件是分店使用店里的统一名称和产品，接受总店的统一指导等。

另外，已经是分店店长的员工，可以花钱购买分店的股份，成为真正意义上的股东；如果不花钱购买，公司也可以授予其在职分红股，享受每年两次的分红收益，一次在年中，另一次在年底。

这一激励方案实施一年后，李女士的门店已经开到了30家，并且每家门店的利润都相当可观。此外，区域品牌协同效应也非常明显，客户认可度大大提升，分店离职率也降到了最低。除了那些新招进来的店员因素质不达标被淘汰出局外，几乎没有员工提出离职，店长参与经营管理的积极性也大大提高。未来，李女士还会考虑不仅对店长进行股权激励，也对分店的其他管理人员进行股权激励，让大家一同享受分店发展带来的收益。

※用股权激活终端门店店长

企业对终端门店的股权激励，重点在于激励核心人才，尤其是激励终端店长。一般来说，加盟门店很少做股权激励，因为加盟商开的是自己的店，他们能够尽全力去经营，而企业利润的主要来源就是加盟费、服务费、产品或服务的利润等。

对于经销商的终端门店，企业一般不需要管理，因为经销商自己会特别重视。这里主要探讨厂家的直营店，因为它隶属于厂家，直营店的店长也是厂家选聘的。正是因为直营店所有权不属于店长，店长对经营往往不够用心。“天高皇帝远”，直营店远离企业本部，往往不受控制，不能按照企业的要求去经营。此时，企业需要做的就是激励店长，让他们像对待自己的门店一样去用心经营。

直营门店的店长拥有对门店的经营权，但没有直营门店的所有权、利益分配权。此时，企业可以赋予直营门店店长部分所有权，使钱权合一，进而调动店长的积极性。

对直营门店的店长进行股权激励，可以采用的方法很多，包括股票期权、期股、限制性股票、业绩股票等方式，也可以采用虚拟股份的形式进行股权激励，包括干股激励、虚拟股票等。

对各店长做股权激励的标的物最好是店长所在门店的股份，而不是总公司股份。这样，店长的努力程度可以更直接地与结果挂钩，更能激发店长的动力。

F公司的身股激励

F公司是一家品牌手机生产企业，企业没有经销商渠道，而是采用“直营店＋网购＋大卖场＋加盟商”的方式运营。厂家直接发货，可以大大节省中间成本。

对于直营店的管理，F公司有自己的一套方案，就是身股激励。F公司的身股激励方案，先后经历了四个发展阶段。

1.“鞭打快牛”。

F公司对直营门店进行身股激励，规定：直营门店经营利润超过上一年的利润，可以享受身股分红，分红方式为超额利润部分，店长拿4成，员工拿3成，总部拿3成。比如，某店某年的利润是500万元，第二年的利润是550万元，那么店长能拿到的分红＝（550−500）×40%=20（万元）。

此方案有效地激励了门店店长及其他工作人员，各门店的业绩都获得了快速增长。但是也带来了另一个问题，就是不少店员发现门店利润增长速度太快，业绩一下子达到峰值，来年再想拿到更高的收入就比较困难。比如今年由500万元的利润变成550万元，明年要想增加收入，必须做到超过600万元的利润业绩。这非常困难。

3年后，各门店利润增长乏力，尤其是利润基数较高的门店，店长和店员的收入开始下降，员工士气开始低迷。

2.“鞭打慢牛”。

一期股改对于公司利润率不高的门店，能够很好地调动其创造业绩的积极性，实现稳增长的目标。二期股改需要变“鞭打快牛”的方式为“鞭打慢牛”。于是，F公司对股权激励做了调整。一期方案中门店的利润基数是上一年的利润总数，这一期调整利润基数。比如，上一年利润在500万元（含）及以上的，利润系数调整为0.8；上一年利润大于200万元（含）而低于500万元的，利润系数调整为0.9；上一年利润在200万元以下的，利润系数调整为1。

比如，某店去年利润为500万元，今年利润在520万元，那么店长分红 =（520−500×0.8）×40%=48（万元）。

通过这种方式，对于利润基数已经较高的门店，店长和店员可以获得更高的利润回报；而对于那些门店利润基数较低的门店，店长和店员只能通过努力大幅度提升业绩才能有更高回报。这种方式鞭打了“慢牛”。

3.平衡激励。

经过二期股改，不少利润较低的门店也都实现了快速增长。但是又出现了一个问题，就是利润较高的门店，虽然利润没有多少增长，甚至与上一年相比出现了倒退，也可以分到不少的红利。

比如，去年利润为500万元的门店，今年利润只有490万元，店长仍然可以分到36万元的红利；而去年利润只有200万元的门店，今年利润达到250万元，店长却只能分得20万元红利。这对不少门店来说似乎有些不公平。

为此，在第三期股改中，公司推出功劳身股+超额身股激励的方式。店长功劳身股＝年度利润×（1－利润系数）×40%。比如去年利润为400万元，今年利润为450万元，那么功劳身股=450×（1−0.9）×40%=18（万元）；超额身股＝（450−400）×40%=20（万元）。那么店长一共可以拿到的分红数额为38万元。

4. 员工创业计划。

前面三次股权激励采用的都是干股激励，主要围绕原有直营店开展工作。后期，公司为了扩大直营店范围，开始在全国范围内大规模开设直营店，决定实行员工创业计划。

对于有创业想法的员工，公司鼓励其开设直营门店。开设一家门店，公司需要投资60万元，员工出资10万元，可以占股25%。在店面亏损期间，店长只拿基本工资，等店面盈利，店长可以参与分红。

店面经营2年后，若店长经营指标达到公司相应标准，可以考虑用其在店面的部分股份以同等价值换取总公司的股份。公司如果要上市需要股权重组，到时会根据需要将店长在店面的股份全部提升到总公司来。

在实行股权激励5年后，F公司取得了长足发展，直营店的数量迅速增加，店面的平均盈利水平额也大幅上涨，企业正在为谋划上市做准备。

在做股权激励之前，企业必须明白，股权激励不一定需要真正授予公司实股，虚拟的股份也能达到很好的效果，比如超额利润激励、在职分红激励等。但前提条件是企业必须有可以超额分发的现金，对于那些资金流紧张仍在逐步发展的企业而言，最好不要采用这种方式。因为这种方式会让企业现金流更加紧张，企业可以考虑进行期股激励。

此外，企业也必须明白，股权激励不是一成不变的。企业需要根据不同发展阶段的需要进行逐步调整，以实现企业的既定目标。

※连锁门店四种股权激励法

对连锁门店的店长进行股权激励，主要有四种方法，如图2–8所示。每种方法都有它的优势和劣势，下面逐一展开论述。

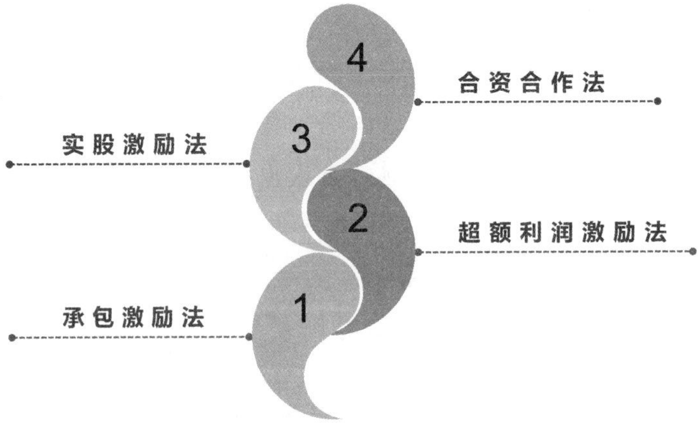

图2–8　连锁门店四种股权激励方法

① 承包激励法

说到承包激励法，就容易让人联想到中国改革开放实行的家庭联产承包责任制，这两种方式的确很相似。企业将分店承包给店长经营，企业拥有本店的所有权，店长拥有经营权和收益权。企业向各个分店收取管理费或赚取产品利润差价，并且制定游戏规则，店长经营不得越过这个范围，否则将遭受处罚。

比如服装企业开设分店，派遣有经营经验和创业想法的店员去经营，总公司以成本价将产品发给分店，中间只收取一定比例的管理费用；也可以不收取管理费用，而是将产品加价，赚取产品的利润；或者是两者兼有。分店店长在公司规章制度下，有很大的自主权，他必须考虑产品或服务的盈利，分店的利润是他收入的主要来源。

这种方式有点类似加盟门店，不同的是，加盟门店拥有门店的所有权（除品牌外），而承包制的方式，店长没有所有权，只拥有门店的经营权和收益权。

承包激励法被认为是在保持连锁门店原有所有权的前提下，改善连锁企业经营状况的权宜之计。它既没有奉送给激励对象原有企业的所有权，维持了原有的利益格局；又能在一定的期限内通过承包合同划清企业与个人的收益分配关系，使激励对象有一定的经营决策权，从而能激发激励对象的活力，达到某种激励的目的。

但是，这种方法也会带来很大的弊端。承包者很容易追求利益的短期化，为了赚取更多利润，常常牺牲企业的整体利益。同时，激励对象并没有与企业形成事业共同体，也就没有形成良好的归属感，店长离职的现象仍然会时有发生。

② 超额利润激励法

所谓超额利润激励，是指以公司利润为基础的分红股激励方式。激励对象按照合同约定的比例分取公司的红利，并且激励对象在公司工作，才能享受这种分红激励，一旦离开公司，便意味着放弃了分红的权利。企业分红的考核指标不一定是公司利润，也可以是项目利润或是分店的利润，还可以是销售额、市场占有率和客户满意度等。

超额利润激励法运用于门店中，最好以门店利润为标的。这样，激励对象通过努力，提升了门店的利润，就能享受到更多的分红收益。超额利润激励不会导致丧失门店所有权，这种方式再配合延迟分红，能很好地“锁住”激励对象。

比如，店长获得了门店 20% 的利润激励，如果年底该店有 100 万元的利润，那么他就可以获得 20 万元的分红收益。之前公司规定，年度利润分红额度超过 10 万元，必须分 2 次派发，当年年底派发分红额的 1/2，第二年派发余下的 1/2。如果店长中途离职，便意味着放弃超额分红激励，同时取消剩余未发放的激励金额。这样，激励对象每年有分红，但每年也都有一定数量的分红现金被压在公司，如果员工离职，便意味着一笔巨大的损失。

超额利润激励法能够与分店的各项指标相互联系，便于实现门店与总部的利益捆绑。不过，这种激励方法要求企业具有可供分配的红利。如果企业没有可供分配的利润，最好不要采用这种方式。

③ 实股激励法

实股激励是让员工以出资的形式购买公司或门店的实际股份，成为公司或门店的股东之一，实现双方共赢共担、捆绑发展。实股激励的方式可以有多种，包括前文我们讲到的期股激励、期权激励、业绩股激励、限制股激励及延期支付等。

实股需要员工出资购买。一方面，员工出资购买公司总部或分店股份，便意味着与公司利益共享、风险共担。奋斗型的员工可以依靠自身努力实现所在门店或公司的资产升值，进而实现股份升值，为自身带来更多的利益。另一方面，员工出资购买股份可以大大减轻公司的财务压力，也是内部融资的一种很好的方式。

实股激励必须要求公司发展蒸蒸日上，能够给员工带来公司价值不断提升的希望和愿景。如果公司发展遭遇瓶颈或走下坡路，实行实股激励根本没有任何意义。

实股激励是真正意义上的股权激励，激励对象获得经营权、收益权和分配权的同时，也承担了相应的风险，如此连锁门店经营状况与激励对象的利益被捆绑在一起，长期利益趋同。

这种方法需要对公司或门店进行资产评估，实股变更需要到工商局注册，存在一定的手续问题。同时，激励对象需要有资本用于购买股份，员工往往会很谨慎。所以，实股激励需要配合员工理解、接受、认可、行动的转变过程，领导需要把公司发展的期望传达给员工。

④ 合资合作法

合资合作法是以企业和个人采取合资的方式对连锁门店进行经营管理。即个人出一部分钱，企业出一部分钱，同时，个人参与门店经营，可以作价获得一部分股份。合资合作法，既可以让员工占大股，也可以让员工占小股，具体分配以企业发展的需要而定。

这种方法让员工成为真正意义上的老板，他们在参与门店经营管理方面具有较大的自主性。公司不再给予店长薪酬，店长必须依靠门店经营利润获得报酬。

当然，总公司会给予分店一定的支持，以推动门店的发展。这种方式在一定程度上分散了企业经营的风险，但是也存在一定的问题。

员工开设分店，风险增加，当然收益也会相应增加。企业必须设计一套合理有效的退出方案，以规避经营中不必要的麻烦。并且，公司必须找到有能力、有抱负的人来担任分店的店长，否则，这种方法也很难实施。

※身股激励：培养终端门店店长

对于经营连锁门店的企业，最大的烦恼主要来自两个方面：一个是店员的激励问题；另一个就是人才的培养问题。企业开设连锁门店，必须要有合适的人才去经营管理，如果人才梯队跟不上，会大大限制企业的发展。

企业培训部门开展人才培训活动，虽然能很快培养出一批优秀人才，但是这些优秀人才往往缺乏实战经验，如果贸然放到各门店去参与经营管理，往往会产生很多问题。如果是分店的店长将自己的经营经验传授给店员，并且让其参与实战，然后再让该店员去别的地方开设分店，就会有极好的效果。

俗话说，“教会了徒弟，饿死了师傅”。如何避免这种现象的发生是关键。一般来说，店长根本没有动力去培养新店长，因为这对他自己没有任何好处。企业想要激励老店长去培养新店长，让新店长成为未来之星，就必须改变原有的激励机制。

基于这样的思维，我们可以设计一套股权激励培养店长的方案，来激发老店长培养新店长的动力。下面，我们通过一个连锁企业三级人才培养的案例来讲解。

G 公司的身股激励

G 公司为了实现快速发展，决定在连锁分店中实行以身股分红为基础的三级人才培养股权激励方案，具体方案如下：

1. 凡是分店的店长培养了下属员工成为储备店长，并且获得总部人才测评系统的认可，调入其他分店任职的，该分店的店长就可以享受自己培养的新店长所在门店的身股分红权，身股分红比例为新店利润的5%，一年分红一次。

2. 店长A培养了B为新店长，店长B又培养了店长C。店长A除了可以享受B店利润的5%的身股分红，同时还可以享受C店利润的2%的身股分红。如果C再培养D，那么A不享有D所在分店的分红，但是B可以享有D所在分店的分红权。

此身股分红方案只限于三个层级。如果被培养者离职，则意味着培养者失去被培养者所在分店的分红；如果培养者自身离职，则其所享有的一切身股激励自动取消。

三级身股激励方案是一个人才裂变的方案，可以很好地解决内部人才培养的问题。

这种方式可以“锁住”优秀的老员工。如图2-9所示，张三培养了李四，李四培养了王五，如果张三要离职，那么他将失去李四、王五所在门店的身股分红，这对他来说是一个非常大的损失；同样，如果李四要离职，他的师傅张三会极力挽留，因为他的离去便意味着张三在B门店的身股分红白白流失；而王五离职，他的师傅以及他的师傅的师傅也都会极力挽留。

除了“锁住”人才外，张三也会关心李四和王五的经营表现，因为他们的业绩高低会影响张三年底的分红收益，同样李四也会很关心王五的经营表现。大家都捆绑在一条船上，互相帮助、互相扶持、自动自发，从而形成一股强大的力量。

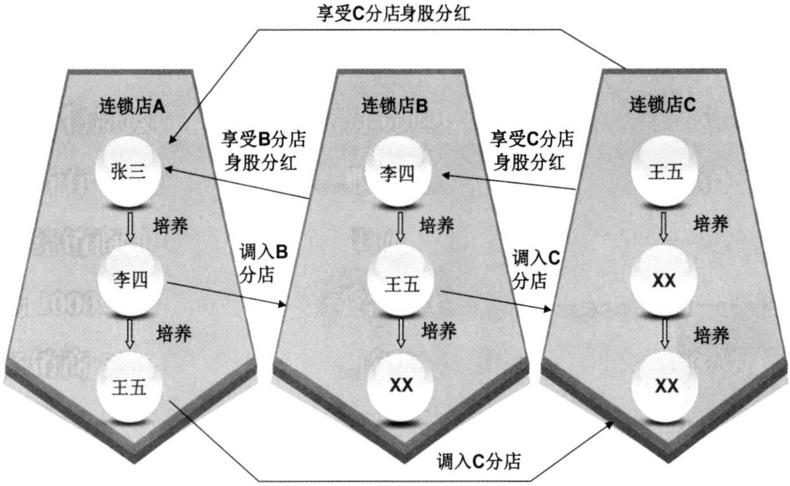

图2-9　三级身股激励方案

这样，每家门店的店长除了重视自家门店的业绩状况外，还会非常重视人才的培养。当公司快速扩张，要在更大的区域开出更多的连锁门店时，这种人才培养方式就能发挥极大的威力。

2.5 用股权整合竞争者

企业的竞争者犹如企业的敌人，打败敌人的最好方式不是互相残杀，而是化敌为友。用股权整合竞争对手，能够实现真正意义上的化敌为友，迅速增强自身实力。

股权激励不仅可以实现对人才的整合，更能实现对竞争者的整合。以股权为纽带，可以推动企业快速发展，领跑整个行业。

我们以分众传媒为例。分众传媒通过股权并购框架传媒、聚众传媒、动力传媒等竞争者，打造出了一个全国最大的楼宇电视广告媒体集团。通过股权并购，分众传媒不仅整合了各竞争者，而且还拥有了更广阔的市场、更多优秀的人才，并实现了群体的协同效应，同时也获得了资本的青睐，实现了融资上市的目标。

百丽鞋业初入内地市场时，也通过股权并购内地鞋业生产厂商，实现企业飞速发展，成为中国内地女鞋行业的寡头之一。之后，百丽鞋业又并购森达鞋业，为自己进入男鞋市场并最终实现在整个鞋业中的寡头地位铺平了道路。

携程旅行网并购运通网也是一个典型的案例。2000年，成立刚4个月的携程网竟然将成立3年且已经盈利的运通网并购了，进而实现了快速发展。如今，携程旅行网已是中国最大的在线旅游服务公司。

由此可见，公司运作好股权，实现资源整合，意义重大！

※合作经营，打造行业“巨无霸”

小的门店，几乎是没有什么竞争力的。当一家小的门店附近有很多类似的门店陆续开张时，对这家小店来说，就是灾难，而新开设的门店也会经营困难。比如，一条街上有多家理发店，竞争非常激烈。为了抢夺客户，彼此竞相降价，推出各种优惠活动，由于辐射区域有限，客户不会大幅度增加，反而是每家门店的利润都下降了，经营越发困难。

对其他行业来说，也是如此。当大家都在卖同一款产品或服务，参与进来的竞争者越来越多时，就会出现恶性竞争，导致竞相杀价、恶意攻击对方等现象的发生，最终市场会被搞得一团混乱，从而造成客户对整个产品或服务失去信心。

而股权置换的方式意在通过利益捆绑，改变一盘散沙的状态，将各方拧成一股绳，增强集团的竞争力。这样，集团可以依靠丰富的资源和整合后带来的能力提升为客户提供更优质的产品和服务。

通过股权置换整合资源

小王是一家眼镜店的老板，在一条繁华的街道上，他是第一个在这里开眼镜店的人。刚开店的时候生意特别好，利润也很高，这让他赚了不少钱。可是最近，同一条街道上新开了好几家眼镜店，抢夺了他不少的生意。小王被逼无奈，只能推出折扣优惠等活动以吸引更多的客户。可是这样做，客户虽增加了一些，但门店的整体利润还是下降了，小王感觉到门店经营越来越困难。

为了掌握具体的市场情况，小王经常去周边的眼镜店做调查，发现附近眼镜店的价格更低，于是他也只能照做，将产品价格一降再降。到了年底，小王核算了一下账单，扣除员工工资、房租费用、材料费用、购买设备的折旧费用等各方面的成本之后，自己根本就没有赚钱。这样做下去，他的眼镜店迟早会关门。

经过考察小王发现，算上自己的门店，这条街道上共有5家眼镜店。每家门店生意都很一般，由于自己进来得早，应该算是其中赚钱最多的了，门店规模也比其他几家店稍微大一些。

小王明白一个道理：合则两利，斗则两伤。他想，不如把大家叫到一起商议一个共赢的策略，避免恶性竞争带来都不赚钱的后果。于是，小王召集了这条街上所有的眼镜店老板，与他们探讨联合经营的方式。5家门店来了4位老板，有一家门店老板寻找理由推托了。

小王在现场向各位老板发出倡议，成立一家连锁眼镜店，将4家门店纳入一家连锁门店企业旗下，实行统一管理。各个门店的老板以所在门店的资产评估值入股，占总公司的相应股份。4家门店使用统一的标志、统一的装修风格。公司总部负责培养和培训店员，实现服务的规范化。

虽然4位老板中还有一位有些异议，但考虑到自己经营越发困难，他也决定放手一搏，联合经营试试。建立连锁企业，可以分担风险，也可以形成规模带来的协同效应，最重要的是还可以统一采购方式，提升与上游镜片、镜架生产商的议价能力，降低成本。

连锁经营尝试了一年后，成绩非常显著，不仅各门店的产品质量、服务水平有了大幅度改善，客户的数量及黏性也大幅度提升。公司在后期实行了会员卡制度，顾客在连锁门店消费，即可以获得一张VIP卡。顾客持有这张卡，在其他连锁门店消费，可以享受更多折扣，同时还可以享受免费验光等服务。而另一家没有参与连锁经营的门店，由于服务、产品质量、价格等都不占优势，被淘汰出局。

再后来，该连锁门店企业开始发力在更大的区域进行整合发展，先后以股权置换的形式入股了不少眼镜店，规模效应逐步显现。同时，总部推行了一套标杆打造、门店规范化管理的措施，使各家连锁门店都焕然一新。公司整合式发展的思路也获得了资本的青睐，有两家风险投资公司对其进行股权投资，每个股东的回报也越来越多。随着股价的水涨船高，不少当初一起捆绑发展的股东在融资当口将自己的股份进行了售卖套现，获得了巨额财富，这是他们以前经营一家眼镜门店所无法想象的回报。而小王作为这家连锁企业的创始人，也逐步回购分散的股份，以确保对企业的控制权。同时，他也在为这家连锁眼镜企业谋划长远的未来，那就是继续利用股权推动资源整合，谋划上市，打造国内最大的眼镜连锁服务商。

如果说企业依靠产品或服务运作是在“爬楼梯”，那么依靠股权和资本运作就是在“坐电梯”。企业要借力经营，一方面需要借助内部的力量，另一方面也需要借助外部的力量，学会化敌为友。

上述案例中，一家小小的门店未局限于依靠自身的力量，而是学会了依靠外部的力量壮大自己，以联合经营、股权并购的方式来突破企业发展的瓶颈，实现了弯道超车的目标。

※强强联合，获取更大利益

行业内，排在前几位并且实力相当的竞争者进行交叉换股合并，一方面可以应对其他竞争者的挑战、市场环境的变化等，另一方面可以为股东带来更大的利益。在互联网领域，赶集网和 58 同城合并、优酷网和土豆网合并、滴滴打车和快的合并，都深刻地改变了行业的竞争格局。

2015 年 4 月 17 日，58 同城发布公告，正式宣布与赶集网合并。58 同城将获得赶集网 43.2% 的股份，两家公司仍将保持双方品牌的独立性，网站及团队均继续独立发展与运营。

58 同城与赶集网为中国最大的两家分类信息网站，此前竞争非常激烈。合并之后，赶集网创始人杨浩涌说自己压力骤减，而对手58同城创始人姚劲波也有同感。在合并后的发布会上，姚劲波说，杨浩涌是让我每天睡不着觉的人。

这两家公司在市场上的广告投资超过20亿元，双方都觉得这样下去消耗太大了，必须改变这种现状。

合并消息发布之后，58同城股价大幅上涨，公司市值达到68亿美元。按照合并方案估值，两家公司估值超过了130亿美元，这在中国互联网领域，仅次于阿里巴巴、腾讯、百度、京东和唯品会。合并之后的58赶集在移动端的市场占有率将高达74%，处于垄断地位。

03

股权销售：

迅速引爆企业财富

▼

股权也可以成为公司的消费性产品，拆分之后，用来进行销售。不同的是，这种产品具备了投资价值，同时具备稀缺性，更容易点燃消费者的热情。一旦市场被点燃，企业财富也会被迅速引爆。

3.1 股权众筹：筹钱又筹人

借助众筹平台，企业可以将自己的股份销售出去，换来资金、人才及其他资源。而投资者只需要花较小的代价就可以成为公司的股东，参与企业经营决策，享受公司发展带来的价值升值收益。

中国人民银行金融研究所前所长姚余栋在做客新华网时曾经说："从某种意义上来说，众筹就是'大众创业、万众创新'的孪生姐妹。"可见，"大众创业、万众创新"离不开众筹这种思维的辅助。

那么众筹到底是什么？众筹是指个人或小企业通过互联网向大众筹集资金的一种项目融资方式。根据筹集资金的目的和回报方式，可以把众筹分为债权众筹、回报众筹、股权众筹和捐赠性众筹四大类。这里，我们主要从股权的角度去考虑，重点讲述股权众筹。

什么叫作股权众筹呢？股权众筹是指大家以获得股权的形式在众筹平台投资一个项目，入股企业，获得未来收益。换句话说，就是指创业者通过自己的项目发起融资，并以出让相对应比例的项目股权为前提条件，项目成功后，投资人将持有一定的股权。

股权众筹是基于互联网渠道的一种融资模式，也可以说是私募股权的互联网化。股权众筹通过网络进行较早期的私募股权投资，是对风险投资的一种补充，带有一定的金融属性。

※创业公司更适合用股权众筹

对于那些有创业想法、有优秀人才可以合作，但是没有启动资金进行运作的创业团队，股权众筹是一种很好的融资方式。

股权众筹对创业型企业来说意义重大，一方面解决了企业资金不足的问题，另一方面分担了企业的经营风险。另外，股权众筹还让更多的人参与其中，对企业产品和服务的宣传具有重要意义。

W咖啡厅的众筹连锁

W咖啡厅是一家非常有特色的咖啡厅。从选址上就与众不同，咖啡厅选在环境清幽、方便商务人士交谈的地方。W咖啡厅的客户基本上都是高端商务人士，包括企业老板、高管、股东等。这里除了提供上好的咖啡，还提供甜点、小吃等，方便客户享用。

这家咖啡厅的装修风格也很特别，非常有现代气息。从店内装潢到外部小阳台的修建，都让人心旷神怡，非常舒适。

店内做了不少玻璃隔音室，方便客户进行机密性的商务交流。来这里消费的人都会有登记，咖啡厅除了掌握客户的联系方式外，还需要客户填写自己的商务需求，其目的也是更好地对接客户需求。

除了上好的咖啡、优雅的环境，对商务人士的优质服务也是咖啡厅能够吸引大量高端客户来这里消费的关键。因为来这里消费的人较多，咖啡、面点、小吃都卖得很好，甚至摆在咖啡厅门口的书籍、杂志、讲座光盘都经常脱销。

为了拓展更大的市场，W咖啡厅的老板决定采用众筹的方式扩大规模，开更多的连锁门店，实现连锁经营。

于是，他在咖啡厅贴出了相关公告，并电话通知了咖啡厅的一批重点客户，定好日期，邀请他们前来。被邀约的客户都可以免费享用咖啡和甜点。

在活动现场，咖啡厅老板先讲了咖啡厅目前良好的发展状况，然后发出倡议，邀请大家对W咖啡厅连锁开店计划进行投资。在座的各位都可以投资入股，也可以以个人管理才能入股，加入公司的发展当中。

台下的客户基本上都是咖啡厅的常客，和老板及咖啡厅的员工都很熟悉，对咖啡厅也相当了解。投资几万元入股，对他们来说，不是什么难事。当然，他们更看重咖啡厅的发展，对项目非常有信心，因为利润就摆在面前。

于是，踊跃入股的人很多。咖啡厅不仅募集到了需要的资金，更重要的是捆绑了一批优质的客户，同时还吸引了许多优秀的人才加入公司。于是，W咖啡厅老板顺理成章地在全国各地开了自己的连锁店，实现了健康、稳健、快速发展的目标。

一些创业公司往往更适合采用股权众筹的方式。咖啡厅通过优质服务向特定对象进行股权众筹，一方面获得发展的资金，另一方面捆绑了客户，实现了良性运作。

※股权众筹，解决企业创业难题

一般来说，如果企业选择在线上（指通过网络发起并进行活动）做股权众筹，最大的困难就是如何挑起投资者的投资热情。投资者为什么要把钱投给你？一方面，投资者需要看到你的项目的商业价值，项目能够给他们带来实实在在的利益和好处；另一方面，你的项目对投资者来说，风险很小，能够保证他们资金的安全。

股权众筹的投资人并不是专业的投资者，并且每个人投资的金额也不是很大，不像私募股权基金，动辄百万元、千万元，甚至上亿元。因此，股权众筹的投资人基本上很少去做尽职调查，也不会花费时间和精力去实地考察企业。尽职调查是指对企业的各方面，包括历史数据、文档、管理人员、市场风险、资金风险等做全面深入的审核，目的是让投资者全面了解即将投资的对象。如果不做尽职调查，如何解决信任问题，让投资者感觉自己投资的钱有保障呢？

如果是网上众筹，最好选择一个信用度更高的众筹平台，如京东众筹、聚募、人人投、天使客、大家投等，都是企业进行股权众筹的优质平台。而选择进行股权众筹的项目，最好是前期已经获得专业风险投资机构一轮投资的项目，这样的项目更容易获得投资者的信任。

“大家投”新颖的股权众筹模式

从目前市场状况来看，做股权众筹能够成功的项目并不是很多。但是有这样一个人，不仅通过众筹融到了自己想要的资金，而且还建立了一个股权众筹平台，来帮助更多需要天使资金的广大“草根”们，他就是“大家投”创始人李群林。

2012 年，李群林干了五件大事：第一，给“大家投”众筹了一笔天使投资；第二，推出“领投人 + 跟投人”的机制；第三，推出先成立有限合伙企业再入股项目公司的投资人持股制度；第四，推出资金托管产品“投付宝”；第五，“大家投”有了第一个自身之外的成功案例。

李群林最早涉及众筹项目，是在“点名时间”。“点名时间”是中国最早的众筹平台，由于它是以预购的方式在做众筹，也就是产品回报的方式，对李群林的项目帮助不大。于是，李群林选择自己做一个股权融资模式的众筹平台。

他建立了股权众筹网站“大家投”，并把项目说明放在了网站上。李群林的想法很简单，那就是创业者把自己的项目展示在网站上，设定目标金额和期限，投资人看了觉得不错就来沟通，然后投资成为项目股东，投的人多了就能逐渐把钱凑齐。众筹完成，平台收取服务费。后来，有朋友给他建议，最好是采用“领投人＋跟投人”的机制，因为这样更容易带动投资人，赢得投资人的信任。

那么如何保障投资人的利益？“大家投”建立了一个规则，那就是总执行人代表投资者的利益进入项目公司董事会行使项目决策和监督的权力。同时，投资人可以自己申请成为领投人，平台审核批准后，就可以获得这一资格。

要想更快地筹集到想要的资金，项目方需要通过一群人去带动并影响另一群人，也就是说最好让自己的熟人朋友带动他的熟人朋友。李群林认为，众筹是一个会聚陌生人的平台，创业者最好能先发动熟人支持自己，然后再带动其他人。这也是李群林项目众筹能够成功的关键。

李群林在短短的3个月时间里，成功筹得100万元人民币。在项目团队只有他一个人的情况下，获得了共计12个投资人的支持。

刚开始，各种创投沙龙活动是李群林寻找投资人的关键，他最先找到了深圳创新谷的合伙人余波。余波觉得“大家投”的股权众筹模式能够改变创业型企业融资渠道空白的尴尬局面，所以就毫不犹豫地投资了李群林，并为他做信用背书。

有了创新谷的信用背书，“大家投”在吸引后期投资者时就非常轻松了，没多久便吸引到11个跟投者。这12个投资者中，有6人参加了股东大会，5人远程办完手续，甚至其中4人在完全没有接触到项目的情况下决定投资项目。

“大家投”网站的模式很简单，创业者在平台上发布项目，投资者进行小额的天使投资。金额满后，投资人按照各自出资比例成立有限合伙公司，领投人为普通合伙人，跟投人为有限合伙人，该合伙企业入股被投资项目，持有项目公司股份。融资成功，作为中间平台的“大家投”从中抽取 2% 的融资顾问费。

“大家投”推出了一个第三方资金银行托管账户“投付宝”。众筹平台上的投资者需要将资金打入由兴业银行托管的投付宝账户，由投付宝对资金进行监管，给项目方分批拨款。比如投资 200 万元的项目，先拨款 30 万元，再根据需要陆续拨款。如此大大降低了投资者的投资风险，投资者积极性大大提升。

※搭建圈子，线下众筹

一个好的项目，面向陌生人进行股权众筹，最难解决的就是投资者的信任问题。如果事先融资者和投资者之间没有良好的沟通，彼此缺乏了解，即使融资项目再好，投资者不信任，也是不可能筹到资金的。

股权众筹的单个投资者投资资金不多，可能也就几百元、几千元，多一点的有几万元。投资者不可能对投资项目进行调查。很多时候，投资者可能就是抱着试一试的心态，反正亏了也不多。因此，在这种情况下，投资者投资的积极性很难调动。

如果我们先搭建一个圈子，做一些有意义的事情，促进彼此的了解和信任，然后再在这个圈子里发起众筹，效果就会很好。比如，成立俱乐部、商会、协会等，定期举办各种活动，增进双方的了解，或者是做各类咨询培训，在培训课程现场进行股权众筹，筹集到资金的概率就会大大提升。

先通过建立一个圈子，把适合进行项目众筹的对象圈进来。

比如，那些有闲散资金、有投资需要的人，企业老板、正在寻找创业项目的人，以及商人、中产阶层等群体。当你找对人之后，即可通过某项活动作为纽带，把他们聚集在一起。

在对他们开展有价值和有帮助的活动的过程中，可以进行宣讲引导，让大家一步步接受并认可你的项目，然后再发起众筹活动。通过这种方式，股权众筹成功的概率往往会比较高。

B公司通过俱乐部实现股权众筹

B公司成立了一家高端游艇俱乐部，专门为那些喜欢游艇出游的客人提供服务。俱乐部会经常举办一些活动，比如“游艇派对”“狂欢之夜”“名媛相亲会”等，以吸引广大社会名流的加入。

社会名流想要成为该俱乐部的会员，除了要缴纳10万元以上的会费之外，还会受到一定的限制。如果一些有意向的会员不能满足俱乐部资格，会被要求退出俱乐部，会费也一并退还。

那么，俱乐部有哪些要求呢？首先，个人身家必须过百万元，对申请加入的人，公司会派专人进行背景调查，不符合要求者不可以加入；其次，必须认可俱乐部的文化，遵守俱乐部的规章制度；最后，坚决不做违法违规的事情。

成为俱乐部的会员可以获得哪些好处呢？第一，大量高端商务人士在这里聚集，能很容易进行商业活动。不少企业老板在这里可以找到自己想要的资源，开展商务洽谈。第二，在名媛相亲会上，社会名流可以找到适合自己的心仪对象，解决婚恋大事。第三，会员可以通过俱乐部获得更好的游艇出游服务，以及参与其他各项娱乐活动等，享受到高水平的休闲、娱乐服务。

B公司依靠该俱乐部，经常举办各种股权众筹活动，邀请大家对项目进行投资。除了进行自身的众筹外，B公司还会帮助有资金需要的企业老板进行众筹，然后抽取分成。

俱乐部的会员是公司最重要的资源。因此，公司会想方设法保护俱乐部会员的利益，对众筹的项目进行严格审查，符合要求才能发布。同时，俱乐部与商业银行进行合作，对资金进行监管，确保投资者的利益。

公司非常善于维护与会员的关系，尤其是通过股权众筹打造强纽带关系。俱乐部的新会员，基本上都是通过老会员的推荐加入的。核心原因是老会员对俱乐部认同，同时推荐新会员，老会员可以获得一定酬劳，新会员也可享受一定的入会费优惠。

股权众筹和股权融资是该公司最主要的资金来源，俱乐部不仅帮助众多企业获得资源或资金，还帮助十几家公司实现了上市融资的目标。

而每一个俱乐部会员，在吃喝玩乐、商务洽谈和名媛相亲等活动中，也获得了自己想要的娱乐、资金，甚或心仪的对象。

※股权众筹，防范法律风险

近几年，股权众筹在中国获得了快速的发展，同时也遇到了一些问题。股权众筹遇到的风险主要体现在法律方面，国家鼓励互联网金融的创新，但是相关法律政策还没有出台，不少企业的股权众筹游走在法律的边缘。因此，需要特别重视。

一般来说，股权众筹的法律风险主要体现在两个方面：一是是否存在非法吸收公众存款的风险；二是是否存在非法发行证券的风险。

根据 2010 年 12 月《最高人民法院关于审理非法集资刑事案件具体应用法律若干问题的解释》，违反国家金融管理法律规定，向社会公众（包括单位或个人）吸收资金的行为，同时具备下列四个条件的，除《刑法》另有规定的以外，应当认定为《刑法》第一百七十六条规定的“非法吸收公众存款或者变相吸收公众存款”：

（1）未经有关部门依法批准或者借用合法经营的形式吸收资金；

（2）通过媒体、推介会、传单、手机短信等途径向社会公开宣传；

（3）承诺在一定期限内以货币、实物、股权等方式还本付息或者给付报酬；

（4）向社会公众即社会不特定对象吸收资金。

此类违法属于非法证券类犯罪，归属公检法机关受理管辖。

股权众筹从一开始就是不经批准的，再者，股权众筹最大的特征就是通过互联网进行筹资。而当下互联网这一途径，一般都会被认为是属于向社会公开宣传。所以，第一、第二两个条件是无法规避的。

针对承诺固定回报要件，实践中有两种观点：一种观点是不能以股权作为回报；另一种观点是可以给予股权，但不能对股权承诺固定回报。对于后一种观点，可效仿私募股权募集资金时的做法，使用“预期收益率”的措辞。

由于股权众筹是面向不特定对象的，因此针对向社会不特定对象吸收资金这一要件，必须要做处理。实践中，有的众筹平台实行投资人认证制度，给予投资人一定门槛和数量限制，把不特定对象变成特定对象。也有的平台先建立会员圈，然后在会员圈内融资。

《中华人民共和国证券法》第九条规定：公开发行证券，必须符合法律、行政法规规定的条件，并依法报经国务院证券监督管理机构或者国务院授权的部门注册。未经依法注册，任何单位和个人不得公开发行证券。证券发行注册制的具体范围、实施步骤，由国务院规定。

有下列情形之一的，为公开发行：

（1）向不特定对象发行证券；

（2）向特定对象发行证券累计超过两百人，但依法实施员工持股计划的员工人数不计算在内；

（3）法律、行政法规规定的其他发行行为。

此类违法属非法证券行政违法行为，归属证券监管机构受理管辖。

针对以上法律问题，股权众筹可以采取以下应对措施：

（1）选择不公开发行，只限于公司的注册会员；

（2）发行的特定对象不超过200名，或者采取措施进行规避；

（3）以有限合伙形式进入，设置伞形（FOF）众筹结构，可以突破200人的限制。

美微传媒：最终失败的股权众筹

2012年10月5日，在淘宝网站上出现了一家店铺，名叫“美微会员卡在线直营店”。这家店的店主是美微传媒的创始人朱江，他曾在多家互联网公司担任高管。

这家淘宝店以销售“订阅电子杂志”会员卡为主，运营模式和别的店铺有很大的不同。消费者在这家店拍下相应金额会员卡，还会获得美微传媒赠送的公司原始股100股。店铺上架4天时间，店铺销售额就达到80万元。美微的成功引起了社会的关注，不久，淘宝网站就封杀了它。阿里巴巴对外宣称，淘宝平台不准许公开募股。

《中华人民共和国证券法》有规定，向不特定对象发行证券，或者向特定对象发行证券累计超过200人，都属于公开发行，必须经过证券监管部门的核准。不久，证监会也约谈了朱江，宣布他的平台不合规，美微不得不向所有购买凭证的投资者全额退款。

美微的失败说明企业进行股权众筹不可不防范可能的法律风险。因此，不少开展股权众筹的项目都会尽量选择向特定对象发行股份，并且人数也有上限，比如不超过200人。或者，项目方先成立合伙公司，让投资者合伙入股该公司，然后持有投资项目的股份，以规避可能存在的法律风险。

3.2 股权也可以当产品来卖

将具备投资价值的公司股份重新拆分，和公司产品一起打包后，销售给广大的消费者。如此一来，消费者不仅是企业的客户，还成为企业的投资者、股东，成为企业的主人，进而会关注企业的发展，给企业带来更多有价值的资源。

绝大部分企业老板的经营思维就是通过产品盈利，或者依靠服务盈利，很少有老板会考虑依靠公司资产增值、售卖公司股份或项目股份来提升收益。当然，售卖股份并不是说企业不做产品或服务了。产品和服务是企业的根基，只有基础打牢了，公司价值才能得到提升，企业才可以在此基础上设计出放大企业利润来源的各种盈利模式。

对于出卖公司的股份，很多人最先想到的就是企业在资本市场的融资。没错，这本来就是股权融资的范畴，用公司的股份换取资本的支持。但是，我们这里探讨的可能会与企业家们以前学到的东西有所差别。

第一，针对的对象主体不同。传统股权融资方式主要针对专业的投资者，当然，也不乏业余投资者。后者以投资有发展前景的企业，实现公司资产的增值，然后通过退出实现股份溢价的方式获取高额利润回报；前者则更倾向于整合资源为我所用。尽管针对的对象有所不同，但二者的最终目的都是实现公司升值，进而实现股份升值来攫取更高利润的回报。而这里，我们探讨的售卖公司股份，主要针对对象是消费者。他们购买公司或项目的股份，一方面可以获得股份升值带来的溢价收入及红利收入，另一方面也带有一定的消费目的。

第二，设计方式不同。传统股权融资方式是企业的一种资本运作模式，涉及企业的资本战略，这种交易方式次数较少，往往经历很长时间才有一次融资交易，但是融资数额巨大。而股权售卖的方式是企业的一种商业模式，带有很强的创新思维，其交易方式必须是持续和频繁的，否则，这种商业模式就会遭遇失败。

第三，门槛不一样。企业在风险融资时，往往需要满足一定的条件，达到投资者的要求。投资者会对企业进行尽职调查、价值评估、风险评估等，在签订合同时，也会相应地设计一些限制性条款，以保障己方的资金安全。而公司在向消费者售卖股份时，购买者一般不会去做尽职调查，也没有严格的审查。购买者以购买商品和投资升值的目的认购公司股份，这对企业来说，降低了门槛，但并不意味着企业可以随意去做。这种方式当然也会增加企业触犯法律的风险。

※拆分项目，售卖股份

有一些企业在销售产品时可能面临这样一个问题：一件产品的销售金额巨大，买家数量少，一年也卖不出几件，比如游艇、房子、大型设备等。企业为了提升销量，往往会想出各种办法，其中一种方法就是将大型产品拆分成若干股份，打包在一个小的项目或公司当中运营，然后通过售卖公司股份来提升产品的销量。下面这个例子就能很好地说明其中的道理。

江总的“豪华游艇汇”

江总是一家高端游艇经销商，主要业务是向富人销售游艇及提供配套的服务，比如维修、保养等。江总经常会参加一些富人的聚会，出入一些豪华场所。他宴请宾客，也是非常大方，一顿饭可能就会花掉他好几万元甚至十几万元。当然，这也为他换来了不少的收益。通常，一艘游艇售价在1000万元到1亿元，利润在30%左右，卖出一艘游艇，他就可以赚得300万元到3000万元不等的毛利润。但是，在这看似风光的背后，江总也有不少的无奈。

在沿海的一个码头，停放着十几艘豪华游艇，虽说都是江总的，但这些豪华游艇的产权仍然属于生产厂家。江总只是代理商，缴纳了小部分的押金，还拿了自己的房子和车子做抵押，靠着这些豪华游艇在撑门面罢了。说白了，江总只是一个“二道贩子”，游艇不过是过一下手，他先以赊销的方式拿到厂家的游艇，卖给客户后，再将款项支付给厂家，赚取中间差价。

江总经常出入豪华场所，自然成本也很高，再加上码头游艇停泊的费用，船长、维修工、销售人员的工资等运营费用，真正赚到手的利润其实很少。况且，豪华游艇是一种奢侈品，能够买得起的人本来就不多，想要购买的人更是少，江总一年能卖出10艘，已经是最好的业绩了。

针对这种困局，我们为他设计了一套新的商业模式，那就是变卖游艇为卖股份。

首先，江总成立一家豪华游艇运营公司，以抵押贷款的方式向银行借钱，抵押物为游艇，用贷款支付向厂家购买游艇的费用，然后将十几艘游艇的资产转入这家公司。

其次，将每一艘游艇变成一个项目，拆分成若干股份，每股10万元。如果游艇售价是3000万元，那么这艘游艇所在项目就具有300股；如果游艇售价是8000万元，对应股份数量为800股。公司将游艇拆分成等额的股份后向消费者售卖，最低起购额为一股，价值10万元。

消费者购买该公司游艇的股份，便意味着成为该公司所在项目的一名股东，按股份大小享有对游艇的所有权。公司负责帮助打理游艇的业务，然后收取一定的分成费用。比如，一艘标价5000万元的游艇卖给了10个股东，每个股东获得50股。10个股东打包在这个项目当中，他们每人每年可以免费使用游艇15天，只不过需要提前2天预约。游艇剩余的空余时间交给公司打理，公司负责出租、维护、提供驾驶员等服务。对因为游艇出租而得来的收益，公司从中抽取少量的管理费用，其他利润按照占股份额大小分给各股东。比如，一艘游艇一年出租收入是200万元，公司抽取30万元的管理收益，10个股东每人可以获得17万元的收入。

在此项目中，如果股份总额占比达到2/3的股东形成一致意见，可以选择将游艇出售，前提是找到另外的买家，出售后获得的资产以股份占比进行分成，股东拿到钱后便意味着该项目解散，股东退出。

另外，持有游艇股份2年以上的股东，可以选择将项目的股份以等值比例提升为公司股份，获得总公司的股份。比如，李先生购买了一艘价格为5000万元的游艇的50股股份，总价是500万元，占比10%。2年后，该游艇折旧后评估价值为4000万元，占公司总资产的8%，那么李先生就可以放弃该游艇股份，将之转化为公司股份，占总公司0.8%的股份。如果公司融资或上市，可能会出现资产的溢价，到时候，李先生可以选择套现退出，获得的收益就不只是当初投入的500万元了。当然，他也可以选择继续留在公司。而在这之前的2年，李先生也已经享受到了30多万元的租金收益，以及合计一个月时间的免费豪华游艇出游的娱乐活动。

采用售卖股份的方式之后，公司的游艇销售对象范围迅速扩大了。以前购买游艇的对象最少也是身家上十亿的富翁，现在不一样，广大的中产阶层也成为游艇的购买对象了。因此，成交量迅速上升，公司资产也迅速膨胀。

公司将消费者出资购买游艇的资金拿来填补银行的贷款，将游艇这样优良的资产装入公司，基本上没有增加公司的资产负债，只是增加了不少股东，反而分担了企业的经营风险。

公司运转良好，再加上优秀的商业模式，对投资者们来说，是非常有价值的；公司迅速成长壮大，资产逐步增加，因此投资价值逐步显现，在资本市场可以获得更高的溢价空间。

此外，公司的收入来源不仅局限于售卖游艇的股份，还包括运营和管理游艇，这方面的收入也非常可观。

在发展到一定规模后，江总公司的游艇数量越来越多，公司贷款申购了一块沿海的荒地，用来开发码头，停泊豪华游艇。同时，公司招商引资，又在码头附近修建了酒店以及其他配套设施，收取租金。

目前，该公司以小博大的方案获得了极大的成功，江总也一跃成为当地的亿万富翁。

※售卖产权，创新模式

市场上的不少产品，既有商品的属性，可以自由销售，也有投资属性，具备保值增值的功能。那么，我们在销售这类产品的时候，可以考虑以股权的形式进行分割销售，客户购买了股份，除了享受产品的基本功能外，还可以依靠公司的运营实现资产保值升值的目标。

上述案例中，江总运营游艇的方式就是这样。豪华游艇本来是一种奢侈品，按道理来说，一旦被购买，便意味着它即将贬值。但是如果有人把它运营起来，比如出租给别人，那么在运营的过程中，游艇就可以升值。

下面，我们就以一家酒店为例，看看这家酒店运营商是如何玩转股权式酒店新模式的。

玩转股权式酒店新模式

“这既不是分时度假酒店，也不是产权式酒店”，针对三亚湾红树林度假酒店，今典集团人士如此表示。今典集团将这种酒店定义为股权式度假酒店。

所谓股权式度假酒店，实际上就是分时度假酒店和产权式酒店的综合体，其购买人通过购买酒店的分割产权的方式，享受全国置换入住公司旗下开发的系列酒店的权利，且根据酒店经营情况在年底享受一定的分红。

对今典集团而言，这种新颖的股权式酒店模式能否取得成功，是其正在努力推进的上市计划的关键。如果这家规模中等的地产公司想要成功上市，扩大度假村的数量和规模势在必行。而规模的扩张必然需要大量的现金流，因此，散售酒店便成了该公司快速回笼资金的最好方式。

实际上，仅就三亚湾酒店来说，散卖也是一个非常必要的选择。因为整个酒店规模非常大，建筑面积达到了 70 万平方米，拥有 5400 间客房，这相当于 10 家普通五星级酒店，或者两家澳门的威尼斯人酒店，总投资达到 42 亿元。如果选择持有三亚湾酒店，那么对今典集团的资金占压将非常严重。

三亚湾酒店于 2014 年底开始正式销售，售价每平方米 2 万元，认购阶段购买人可以享受 8.5 折的优惠。换句话说，该项目的认购价格为每平方米 1.7 万元。这样的价格，在三亚非临海区域的住宅中，属中等偏上水平。

除了五星级酒店的设施和管理外，今典集团用来吸引客户的方式是将这个产权式酒店和股东回报及分时度假结合起来。它出售的物业具有独立的酒店产权，可以在二级市场上进行流转。

今典公司策划人员表示，如果消费者购买了一家酒店产权，就可以在一年中有30天的免费居住期。如果购买者不喜欢住在三亚湾酒店，还可以换住今典集团在三亚的亚龙湾红树林酒店、海棠湾七星级酒店，以及其他城市的红树林系列酒店。

同时，根据三亚湾酒店的经营情况及个人购买的物业价值，购买人将在年底享受一定的分红。这意味着消费者购买了三亚湾酒店的分割产权，也就成了三亚湾酒店的股东。

※干股分红，消费捆绑

前面我们已经讲过干股，它是一种分红股，持有干股的人没有决策权和增值权，只有分红权。公司利润高，那么持有者可以获得更多红利，反之则少。当然，这还得看决策者能够拿出多少比例的收益进行分红。

比如，今年公司的利润是100万元，老板决定拿出利润的20%进行分红。假如某位员工的干股占股20%，那么年底他就可以分到4万元。这种方式简单直接，不需要激励对象花钱购买，也不需要对公司做价值评估，而是以销售额或利润为标的，按比例分红。

为了更好地服务客户，不少餐厅、美容店等都在通过干股分红的方式留住消费者。因此，这种直接针对消费者销售终端产品或服务并且消费者有持续购买需求的公司、门店，都可以采用这种模式。因为它重新定义了消费者，更大大提升了销售额。

某餐厅巧用干股分红吸引顾客成为股东

我们去餐厅吃饭，饭后结账时，很多店的店员会给你发一张代金券，希望你下次再来消费。我们拿了代金券，有时候忘记了，有时候就直接扔掉了。少部分人还能想起来，然后再去消费，但再次消费后，代金券用完了，也就不去了，这是很多餐厅的烦恼。

有一家餐厅与别的餐厅做法很不一样，它采用干股分红的模式，代替了代金券模式。这家餐厅老板先将餐厅拆分成了100万股，后期有新的股东加入，再进行增发。

凡是来店消费的顾客，一个月内消费金额累计达到1000元的，可以获得1000股的干股分红，并且只有一次的分红权利，店里把这种叫“月股”。凡是一年内在店内消费1.5万元的客户，可以获得1.5万股的干股，享受3年的分红，年底进行结算，这种方式叫“年股”。只要“年股”产生，“月股”自动取消，也就是说“月股”和“年股”不能重叠。

餐厅会对来店消费的客户进行实名登记，只有登记过的客户才有数据可查，年底才可能分红。

店里制作了精美的“月股”和“年股”的股东卡片。顾客一旦成为餐厅的股东，餐厅会向顾客赠送精美的股东卡，持有“年卡”的股东还可以享受门店的年会活动。在年会上，会有答谢会、现金抽奖活动、文艺表演等，给顾客带来各种意想不到的惊喜。

假如一个客户带了一群人来店消费，一次性消费了400元，结账时服务人员会请他登记，写上姓名、联系方式、消费金额及日期，说明年底可能会有分红，告诉他“月股”和“年股”的模式，怎么参与消费分红等，并把做好的宣传单发给客户看。

该顾客会抱着试一试的心态，再过来消费两三次，不经意间就消费了1000元，店员给他一张股东卡。

好了，到了年底结算时，门店利润达到了100万元，老板拿出利润的20%对顾客进行分红。之前那个客户，可以获得20万元的0.1%，也就是200元。顾客被告知有200元的分红了，可以来店领取现金。顾客接到现金，瞬间就有再次消费的动力了。同时，他还会介绍其他朋友来这里消费，记入自己的股东记录卡中，自己每次聚餐也会选择在这家店吃饭。

那些获得“年股”的顾客，除了享受到3年的干股分红外，还会被邀请到店里参与年会活动。在年会现场，公司老板会带领所有店员对到场的顾客鞠躬感谢，并汇报餐厅的经营状况、发展规划等，同时倡议大家众筹入股，成为门店真正意义上的股东，终身受益。

同时，餐厅还会邀请部分顾客股东上台发言，之后举办文艺活动，最后还有红包抽奖活动，让顾客参与，顾客的热情瞬间就会被点燃。

案例中的这种方式改变了顾客的角色定位，顾客既是餐厅的消费者，又是餐厅的股东。对餐厅而言，顾客既可以消费，又可以产生增值收益，还会关注餐厅的发展及餐厅的经营状况。顾客不仅获得了收益，更获得荣誉感与被尊重感，顾客和餐厅之间的黏性也会增强。

※现场售股，经销捆绑

从行业来说，股权式营销方式“玩”得最得心应手的，应该属咨询培训这个行业了。尤其是培训公司借用股份去开发经销商的方式，非常值得其他企业借鉴和学习。

一家培训公司，讲师的课程就是它的产品。但是，这个产品又很特别，首先它是以人为主体的产品。讲师除了讲课，还可以在课堂上进行股权招商，带有一定的销售性质。学员可以花钱购买公司的股份入股，同时获得代理该公司讲师课程的权利，或者免费参与讲师的所有课程的学习等。

这种方式，对讲师的要求非常高。讲师必须能实实在在地讲出符合企业家需要甚至超出他们预期的课程，使到这里来学习的企业家们能够真正有所收获，并且形成强烈的认同感，在课程中逐步被讲师的演讲内容所影响。

讲师必须对自己的课程进行巧妙的设计，要能从内心打动学员。讲师的课程除了传授相关知识外，还必须设计引导销售的环节，让公司股份销售更有价值。

S公司构建上市企业服务生态圈

S公司是一家咨询公司，他们的做法和其他公司很不一样。除了做咨询培训，S公司还成立了一家风险投资公司，专门用于管理投资基金。该公司以培训作为入口，开设了资本运作、商业模式、股权设计等课程。

首先，学员进入课堂，需要缴纳门票费用8万元，可学习三次，每次有三天两晚的课程，同时获得风险投资公司同等价值的股份。课程现场，会有学员的项目路演环节，对于获得讲师、咨询师团队认可的项目，尤其是具有融资和上市要求的项目，公司可以免费派遣专业咨询师进驻企业辅导三天。之后，公司管理的基金公司会对该项目进行评估，确认符合投资要求后，会邀约其他的风投机构对其进行风险投资。

随后，咨询公司还会不断对项目进行辅导，确保项目能够继续对接到资金直到上市。项目上市后，公司抛售股份，获得溢价收益。然后公司留存一部分利润，其他的则回报学员股东。

以上案例中，S公司打造了一个集投资、融资、培训、咨询辅导为一体的生态圈。在这个生态圈中，优质的项目不仅可以获得资金支持，还可以获得咨询辅导、资源对接，这为上市增加了筹码，成功率也大大提升。上市成功概率提升，意味着股东能够获得更大的收益，学员股东的积极性也会高涨。于是，进入这个圈子的价值进一步提升，公司销售课程门票的难度也会相应降低。

3.3 服务不要钱，要股权

服务公司对客户企业进行服务后，实际上也获得了一个有价值的投资信息，那就是可分析客户公司是否具备投资价值。服务公司不收取具备投资价值的客户企业的服务费，改为要股份，便形成了一个“服务＋投资”的商业生态闭环。

市场上有不少企业专门提供服务或解决方案，然后收取一定的服务费，作为企业的主要营收来源。这种方式也没什么特别的，但是，其中有这样一类公司，在提供了服务和解决方案之后的收费方式与其他公司有很大的差别。它们可能会要求以少量的服务费用加上客户公司的股份作为服务报酬，这样不仅可以获得少量服务费抵销成本，还可以获得客户公司的股份，形成一种股权投资。

服务商通过为创业公司提供服务换取股份，在英文里以“汗水股权投资人”（sweat-equity investor）来描述这些“以支付劳动为模式”的投资者。

对服务公司来说，如果客户公司实现了上市，它可以套现退出，获得一个更高的投资回报。当服务的客户多了之后，服务公司就会持有多家公司的股份，哪怕其中只有少量的公司实现了上市，对于服务公司而言也是一个很大的收入来源。

当然，获得高溢价带来的高回报只是其中核心目的之一，更重要的是，服务公司实现了与客户公司的利益捆绑。这样，当客户公司需要更多后续的服务时，都会找持有自身公司股份的服务公司。一方面，有利益的捆绑关系，会降低服务的费用；另一方面，可以确保服务公司能够尽心尽力地工作。

风险与收益总是成正比的。服务公司可以通过持有客户公司的股份实现高溢价的收入目标，当然也会承担不少风险。比如，客户公司经营不善的问题；客户公司既不能上市也无法获得融资，股份无法套现退出的问题；时间成本问题；等等。

※不收服务费，改收股份

如果服务公司在为企业提供服务后，以收取客户公司股份作为主要收入来源，那么对于客户公司是否具备投资价值，服务公司必须做一定的调查，以降低投资风险。如果对方不具备投资价值，服务公司直接收取服务费用才更为稳妥。

那么，怎样的企业才具备投资价值呢？

① 从商业模式来看

商业模式是指利益相关者的交易结构，它以提供持续长久的利润为核心目标。创新型的商业模式往往更能赢得投资者的青睐。服务公司可以从客户公司的企业定位、业务系统、盈利模式、关键资源能力、自由现金流结构等六大维度进行调查了解，看客户公司的商业模式是否具备投资价值。

② 从人才队伍来看

首先要看创始人是否有野心、有激情，是否有实现目标或梦想的能力，包括创始人的经验积累、知识构成、企业经营能力、领导能力等。其次要看企业的核心高管是否具备专业化的经营和管理经验，对其领导能力、执行能力、人才培养能力、心态如何，都要进行全面了解。

③ 从组织结构来看

企业组织结构是否适应企业发展需求？岗位安排是否清晰？内部流程是否顺畅？这些都是衡量一家企业是否顺畅运作的关键。组织结构没有什么优劣之分，只有适不适应企业发展需要的差别。

小企业组织结构扁平化，大企业可能层级结构复杂，当然也有不少大型企业实行扁平化管理的方式。不管企业实行哪种组织结构，关键要看其是否适应企业业务发展的需要，否则，就会限制企业的发展。

④ 从经营管理方式来看

企业经营管理方式最能反映企业领导者的才能和管理风格。一家企业的经营管理方式通常是从上至下发生影响的，比如企业文化、团队建设、薪酬结构、绩效管理等，一旦在上层建立，就会向下渗透影响。要看一家企业的经营方式，核心仍然是看上层领导者的领导方式，优秀的领导者往往能带领企业走上快速发展的道路。

⑤ 从营销策略来看

看企业的营销策略，要看其营销方式、品牌建设、市场状况、销售模式、客户定位、竞争对手等方面，以此来判断该企业产品的市场竞争力。产品能否带来长期高额的收益，是判断企业投资价值的关键。

⑥ 从财务状况来看

企业的财务状况最能反映企业的经营状况。了解企业的财务状况主要看三张报表：资产负债表、财务损益表、现金流量表。通过查看这三张报表，就能够了解企业的财务状况，进而分析出其投资价值。资产负债率反映在总资产中有多大比例是通过借债来筹集的，也可以衡量企业在清算时保护债权人利益的程度。因此对于投资者来说，企业负债越高，证明其能获得的回报就越高。不过，过高的负债率会增加企业的经营风险，所以投资需要谨慎分析。

⑦ 从公司治理结构来看

良好的治理结构是确保股东权益最有效的工具。建立以董事会、股东大会、监事会为核心的公司治理结构，是企业走向专业化、规范化的必经之路。企业可以考察客户公司的治理情况，以确保自身投资的安全。另外，客户公司是否实行股权激励也是考察的重点之一。一般来说，同等规模的情况下，实行股权激励的企业往往比没有实行股权激励的企业更有投资价值。这是因为股权激励在调动核心员工的积极性方面具有重要作用，也能有效推动公司治理结构向更加专业化、高效化的方向发展。

⑧ 从战略规划来看

服务公司除了要考察客户企业现有的指标外，还需要对其发展规划、战略目标有清晰的认识。有明确的资本运作战略规划的企业往往更容易获得投资者的青睐，特别是有上市计划的企业还会为投资者设计一个自由退出的机制。除了资本运营战略，还需要考察企业的经营战略，掌握企业未来的经营方向、发展愿景、目标等。

※客户公司股份带来超高回报

服务公司拥有众多客户公司的股份，虽然对每家公司持股不多，但是一旦持有的公司上市，便会获得几十倍、几百倍甚至更高的溢价回报。这也是为什么不少服务公司不愿意收取客户的现金，而愿意持有客户公司股份的原因。这些服务公司包括咨询培训公司、律师事务所、会计师事务所、公关公司、营销公司、技术公司、托管公司、媒体公司等，甚至还有商界人士靠个人“免费咨询”来获得其他公司的股份。

我们仍以咨询培训行业为例，不少咨询培训公司专门为企业提供上市咨询服务，只是收取少量的差旅费，而将更多的费用转化为持有客户公司的股份。很多客户公司也非常乐意接受这种付费方式，因为这不但降低了它们的现金压力，还实现了咨询公司与自身的利益捆绑。如此，咨询公司更能够尽心尽力地提供服务，确保公司的利益。

在这个行业中，尤其做资本运作、股权激励、上市融资等课程或咨询服务的咨询培训公司，更愿意推行这种经营模式。因为这类咨询公司通过提供相应的咨询服务，可以很方便地掌握客户公司的运营状况，迅速判断出其投资价值。并且，咨询公司提供的服务对客户公司上市融资也有很大的帮助。

※持有客户股份，形成商业模式

变收取客户公司的现金为持有客户公司的股份，改变了企业原来的收费模式，这本身就是一种商业模式的创新。这种新的商业模式不局限于收费模式的改变，更重要的是增强与客户公司的黏性，拓展企业推动资源对接与整合的渠道。

我们借助下面这个案例来讲解这种模式。这家提供天使服务的公司，是如何通过微股份的形式实现自身商业模式创新的呢？

用股份换取“天使”服务

在今天的中国，创业的主体人群已经由“60后”“70后”转变为“80后”“90后”，他们从技术、业务模式、产品设计、互联网等某个独特角度起步，但起步后往往受限于缺乏优质资本、发展信息、商业伙伴关系、骨干人才配置、品牌形象塑造、管理规范化及与政府和媒体关系协调方面的经验，在发展中遇到不少的问题。

我们在对创业企业的调查中发现，优化的投资介绍与关键环节的管理支持服务，是这些创业者最为期待的服务。

恰恰是针对以上中小企业发展的需要，一家提供天使服务的公司成立了，它就是“飞马旅”。飞马旅以微股份的方式，深入中早期的创业企业内部，帮助它们解决发展中遇到的问题，为创业企业插上飞翔的翅膀。

作为一个服务机构，怎样为企业提供更好的服务，是飞马旅一直在研究与探索的问题。飞马旅会根据每个企业不同的情况采取个性化的服务。例如，有的企业需要在发展战略层面有更深的介入，或者是由于企业的发展思路，业务模式等方面需要进一步的整理；而有的企业在战略思路上相对比较成熟，但希望能够通过飞马旅平台增强全国影响力。飞马旅会给每个企业提供一套量身定制的方案。

值得一提的是，应企业不断成长的需求，飞马旅提供的服务也会进行相应的拓展。飞马旅属于服务型企业，业务也专注于服务业。飞马旅CEO袁岳把这种模式概括为“用服务业支持服务业”，他认为这是飞马旅最重要的意义所在。“这样就改变了过去只有播种和收割两种人的简单分类，增加了一个田间管理和维护。”从这个意义上说，飞马旅其实就是一个提供服务的平台，并且提供和接受服务的都是干服务的人。

飞马旅在成立的短短3个月时间里，就吸引了全国400多家初创企业报名。最终，35名“飞马之星”和“飞马之驹”在2012年1月14日的“赛马会”上脱颖而出。

自飞马旅成立后，有24家企业入营飞马旅，接下来每年都将扩展50家企业。其中20家是处在进入发展快车道前夜的“飞马之星”，其余30家是富有成长潜质的“飞马之驹”。飞马天使基金也会对看好的创业者进行跟投。“劣马”会被毫不留情地淘汰，“好马”在完成两轮融资后，意味着完成了飞马服务之旅，正式“毕业”。

在发展几年后，飞马旅的营盘中聚集了数百家创新服务业企业，形成了一个巨大的规模和网络效应，仅是它们之间的互动就蕴藏着无限的商机和潜在的合作可能。

飞马旅主要由三部分构成：飞马旅创业项目服务机构、飞马天使基金和飞马投资基金联盟。通过这样的模式组合，飞马旅成为中国首家创业项目的专业管理支持机构。

这样的服务不是一个概念图景。事实上，在过去的几年中，飞马旅的核心伙伴已经在这方面进行了积极的尝试，在电子商务领域也已取得了突破，上海3131园区的新一代电商集群就佐证了这一模式的操作价值。以微股份的方式为创业者提供服务，这种模式有成功先例，但飞马旅以服务换取服务业微股份的模式较为鲜见。

在操作中，飞马旅的诸发起人有分工有配合，有派活有接盘。加入飞马旅的企业都有专门的服务专员，同时有相对应的发起人对接，飞马旅会为每个企业配备飞马教练。飞马基金重点做早期投资，飞马基金联盟则重点做正式的AB轮投资，创造公平优化的项目投资洽谈模式。

飞马旅为创业者提供的标准服务，时长为5年。在提供这类帮助的情况下，不使用现金交易的模式，以微股份置换的方式收取小比例的股份（“飞马之星”2%的股份，“飞马之驹”4%的股份），让服务者与创业者构成利益共同体，从而增加创业企业获得服务的概率与创业服务机构的责任感。飞马旅不谋求担任服务对象机构的董事长，但不排斥应邀进入董事会。在超过服务时长之后，这些企业依旧是飞马旅的成员单位，依旧能够享受其服务。

创业者一旦有幸获得飞马旅的青睐，不仅能得到多位成功创业家的言传身教，还能获得创业大佬们的资源，这一切都将是免费的。而其他大部分投资机构并没有帮助实体企业发展的能力与耐心，也没有那样的资源，这也恰恰是飞马旅不同于一般投资机构的关键。

飞马旅不是天使投资，而是天使服务，通过服务提升企业发展价值后再来优化投资，而不是决定投资后再提供某些服务。飞马旅不仅吸收最棒的创业服务业的企业加入，更积极吸纳优秀的服务人才成为飞马旅服务人员，吸收优秀的关键服务机构成为服务连线的成员，吸收优秀的投资基金加盟飞马基金联盟，形成一个名副其实的服务资源综合体。

04

股权融资：

借助资本，让企业飞

▼

如果说借助产品或服务来经营公司是在“爬楼梯”的话，那么借助资本来运营公司股权的方式则是在“坐电梯”。股权融资是实现企业快速发展，推动企业进入资本大道的最佳路径。

4.1
股权融资，解决企业资金难题

如果说债务融资是在用时间换空间，那么股权融资则是在用空间换时间。股权融资没有增加企业的债务负担，但会吸纳更多优质的资源，增强公司股份的流动性，为企业上市铺就一条康庄大道。

到底什么是股权融资？所谓股权融资是指企业的股东愿意让出部分企业所有权，通过企业增资的方式引进新股东的融资方式。股权融资不仅能解决企业资金不足的问题，同时也可分担企业的经营风险。

股权融资是以公司的股份换取资本，投资者以资本入股，不但要分享公司的利益，还要分享公司的权力，这种利益和权力与股份所占份额成正比。在企业融资的多种手段中，股权质押融资、股权交易增值融资、股权增资扩股融资和股权的私募融资逐渐成为中小企业利用股权实现融资的有效方式。

※股权质押，让债务融资更顺畅

股权质押又称股权质权，是指出质人以其所拥有的股权作为质押标的物而设立的质押。按照目前世界上大多数国家有关担保的法律制度的规定，质押以其标的物为标准，可分为动产质押和权利质押。股权质押就属于权利质押的一种。因设立股权质押而使债权人取得对质押股权的担保物权，为股权质押。

过去以不动产作为抵押物向银行贷款的债务融资方式，限制了不少中小企业的融资需求，而股权质押增加了中小企业融资的机会，使得企业融资更加多样化。股权质押的融资流程如图 4-1 所示。

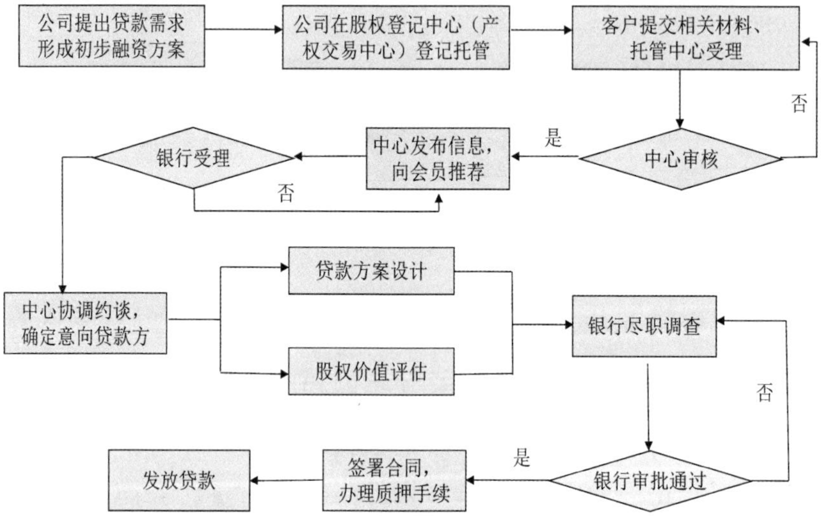

图4-1 股权质押融资流程设计

以产权市场或交易中心为基础，建立一个统一、规范、有序的非上市公司股权托管运行市场十分必要。一是有利于填补监管真空，维护股东权益；二是有利于实现股权有序流动，形成规范活跃的区域股权交易市场；三是有利于提高企业股权公信力，拓宽投资、融资渠道，吸引社会资本；四是有利于构筑、培育、发展基础性资本市场服务体系，促进资本运作；五是有利于扩大企业知名度，为股票公开发行、上市创造条件；六是有利于增强企业管理透明度，减少信息不对称，防止非法证券和非法集资活动，改善和净化金融环境。

股权质押，需要有一个信用度高的机构进行托管，股权登记中心或产权交易中心为股权质押融资提供了一个托管的平台，让投资者与融资者能够在这样一个平台上顺畅地交易。当质押人不能履行约定时，债权人就可以依照约定进行股权折价受偿，化解债务风险。

当然，也有不少企业在进行股权质押融资时，并没有经过产权交易中心或股权登记中心这个环节，而是直接与融资者进行接触。比如，企业向上游的原料供应商进行股权质押融资，以购买原材料；或者是企业本身具备了很好的信誉度，公司股份价值较高，因此在做股权质押融资时，投资者非常愿意放贷。

T公司的股权质托方案

T公司是一家生产猪饲料的企业，该企业生产的猪饲料不含添加剂，属于绿色有机饲料。猪吃了这种饲料，能够保证猪肉的品质，同时又满足养猪专业户希望生猪快速出栏的要求。该项猪饲料生产技术已获得国家专利，也得到专业机构的认可。

T公司虽然拥有这项专业技术，但要生产猪饲料、开工厂，资金有限，满足了原料采购的需要，就满足不了租用厂房、购买设备的需求；满足了购买设备、租用厂房的需求，就没有流动资金购买原料。这等于说买了枪，就买不起子弹。而公司要产生效益，这些东西都是必不可少的。于是，我为T公司设计了股权信托、质押贷款的方案。

首先，T公司找到一家信托公司进行合作，将公司60%的股权质押给该公司，然后与上游的原材料供应商L公司进行洽谈，要求以股权质押作为条件，让L公司陆续给本公司提供价值600万元的原材料。

L公司也觉得这个方案不错，但是占用太多款项，会让自己发展遭遇困难。于是，我们重新更改了方案。那就是T公司通过信托公司向银行贷款，质押40%的股权，贷出400万元用于对T公司原材料采购的偿付，再质押20%的股权给L公司，由L公司提供价值600万元的原材料给T公司。等原材料陆续供应完毕,L公司将拥有T公司20%的股份留存及400万元现金。T公司需要分两年向银行偿还贷款，每年偿还200万元，而其中产生的银行利息由L公司偿付。信托公司作为彼此的中间方，起信托担保的作用，也会收取一定的利息费用，这笔利息由T

公司偿付。

如果T公司没法偿还债务，信托公司将会把其质押的40%股份转化为自有资产，另外20%股份也暂时由信托公司托管，直到L公司供应完相关原材料。而L公司除保障了原材料销售的顺畅外，还可以在后期获得T公司20%的股份，自然非常乐意。

上述案例中，T公司本可以直接以专利、设备、厂房做抵押向银行贷出款项，但是这样做，达不到锁定上游原材料厂商L公司的目的。同时，银行贷款流程复杂，时间也较长，如果有信托公司在中间做信托担保，可以减少很多麻烦。一方面，信托公司经常和银行打交道，贷款比较容易；另一方面，将公司股份放在信托公司进行托管，更容易获得上游供应商的信任，同时也为后期引入风险资金或在公司内部进行股权激励创造了条件。

※增资扩股，增加企业流动资金

增资扩股融资，是指中小企业根据发展的需要，扩大股本，融得所需资金。

股本即股份资本，是经公司章程授权、代表公司所有权的全部股份，包括普通股和优先股。按扩充股权的价格和股权原有账面价格的关系，增资扩股可以分为溢价扩股、平价扩股；按照资金来源，增资扩股可以分为内源增资扩股（集资）与外源增资扩股（私募）。

通过增资扩股所筹集的资金属于自有资本，与借入资金相比，更能提高企业的资信（属名誉权范畴，由企业的经济实力、经济效益、履约能力和商业信誉等要素决定）和借款能力，对扩大企业经营规模、壮大实力具有重要作用。而且没有固定支付资本金报酬的压力，财务风险较小。

增资扩股融资，对投资者而言，虽然资本金的报酬支付较为灵活，但他们要分享收益，资本成本较高，特别是企业经营状况好、盈利较多时更是如此。所以，采用增资扩股方式筹集资金，投资者一般都会要求获得与投资数量相对应的经营管理权，这是接受外来投资的代价之一。

非上市的中小企业采用增资扩股融资方式筹集资金，实际上就是吸收直接投资者，扩大资金来源。投资者可以用现金、厂房、机器设备、材料物资、无形资产等多种方式向企业投资。

增资扩股、吸收直接投资一般是在企业快速成长和发展时所用的一种筹资方式。在吸收投资之前，企业必须确定所需要的资金数量，使出资单位根据己方的经营状况和财务状况有目的地进行投资。寻找到投资单位后，双方便可以进行具体的协商，确定投资的数量和投资方式。

企业在采用增资扩股融资时，一般要注意相关的法律法规，确保操作程序和有关依据合乎法律法规，融得合法资金。

总的来说，增资扩股融资有以下优点：

一是能够扩大公司的股本规模，提高公司实力及影响力，降低资产负债率，优化资本结构，有利于提高公司的信誉度。

二是增资扩股利用股权筹集资金，所筹集的资金属于自有资本。与债务资本相比，一方面能够提高企业的信誉和借贷能力，对于扩大企业的生产规模、壮大企业实力都有重要作用；另一方面没有还本付息的风险，资本始终存在于公司，除非公司破产。

三是吸收直接投资不仅可以筹集到资金，而且能够让企业直接获得发展所需要的先进设备与技术，与仅筹集资金的方式相比，更能尽快形成生产经营能力。

四是通过增资扩股实现企业改制，也是一个产权明晰的过程。由于外部股东的加入，企业可以利用外部股东在管理上的经验，建立有效的公司治理结构及激励与约束机制；还可以调整股东结构和持股比例，克服企业一股独大的缺陷，建立股东之间的制约机制。

五是企业根据自身经营状况向投资者支付报酬。企业经营状况好，要向投资者多支付一些报酬；企业经营状况不佳，就可以不向投资者支付报酬或少付报酬，比较灵活，没有固定支付的压力，财务风险较小。

六是通过增资扩股不仅增加了公司的净资产，同时也增加了公司的现金流量，有利于公司加大固定资产的投资，提高企业的产能、销售收入和净利润，加快企业发展，为上市创造条件。

X公司通过增资扩股缓解企业压力

X公司是一家新材料生产企业，随着公司的发展壮大，公司对资金的需求量越来越大，也让公司的负债率大幅提高。

为了降低公司的负债水平，获得长久持续的资金支持，同时降低企业经营风险，公司召开股东大会，决定进行增资扩股。

X公司原股东的股权比例是：郭董50%，宋总30%，刘总20%。在引进会计师事务所对公司价值进行评估后，确定该公司的整体资产净值（又称账面价值，指股票所对应的公司当年自有资金价值）为2000万元。公司将股份划分为2000万股，郭董1000万股，宋总600万股，刘总400万股。

公司拟定向投资商C公司增发500万股，股价以公司资产净值的8倍溢价为计算标准，获得4000万元的投资。这之后，C公司占20%的股份，郭董占股40%，宋总占股24%，刘总占股16%。

投融资双方签署了《增资扩股协议》，经过协商，公司决定将注册资金从500万元上调到1亿元，在办理完工商登记等相关手续后3日内，出资人支付所有款项。

增资扩股经常发生在股权出让之后。新的控股股东在接管企业之后，为了扩大生产、加快企业发展步伐，会和其他股东协商进行增资扩股。如果企业的股份出让进行得当，重组进行得顺利，新的股东和管理层被市场所看好，那就是增资扩股的好时机。

企业在确定新增发股票数量时要做好市场调查，充分考虑企业的经营状况和发展需要，还有市场形势和投资者对企业的信心。融资太少不足以支持企业的发展，还要支付大量的融资成本；而如果增发超过企业发展需要的股票，不仅稀释企业管理权、增加企业管理的压力，更有可能导致增发失败，大大影响企业的声誉。

※股权投资，实现企业上市目标

企业从初创期到发展期、扩张期、成熟期，每个阶段都会伴随着资本的进入而实现快速的增值。企业经营者可以通过溢价出让部分股权来吸纳资本、吸引人才，推动企业快速发展。其融资模式如图 4–2 所示。

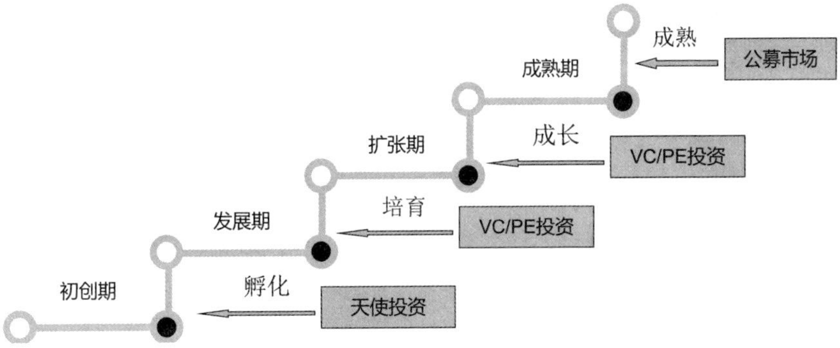

图4–2　企业四个发展阶段的融资模式

企业从天使投资到几轮的风险投资，一直到上市，就是在进行一个资本的接力游戏，每次融资的溢价都会为原始股东带来丰厚的回报。当然，其间也会存在巨大的风险。下面，我们通过一个案例，看看这家企业是如何一步步从一个小微企业走上上市道路的。

L公司的上市之路

L公司是一家三人合伙的初创型企业，创始人分别是黄总、刘总和周总，其持股比例如表4-1所示。

表4-1 L公司初创时期股权结构

股东名单	股权类型	股份	股份比例（%）
黄总/CEO	普通股	5000000	50
刘总/CTO	普通股	3000000	30
周总/COO	普通股	2000000	20
合计	10000000		100

凭借着优秀的团队、良好的管理和独特的商业模式，L公司获得了VC（风险投资）的青睐，A轮融资以3500万元的价格融到了2500万元，公司价值合计6000万元。A轮投资人要求原有股东同意发15%期权给管理团队，公司员工持股计划在A轮融资完成前实施，新的股权结构如表4-2所示。这样，黄总得到了VC的第一笔投资，团队还占将近60%的公司股份，公司获得快速发展的机会。

表4-2 A轮融资前，股权激励后的股权结构

股东名单	股权类型	股份	股份比例（%）
黄总/CEO	普通股	5000000	42.50
刘总/CTO	普通股	3000000	25.50
周总/COO	普通股	2000000	17.00
员工持股	普通股	1764706	15.00
合计	11764706		100

一般来说，VC会要求员工持股计划在投资进来之前执行，这样VC就可以减少持股比例稀释。但不能认为这是A轮投资人自私，要知道B轮投资人到时候也会要求在他们进来之前再执行一次员工持股计划，这时A轮VC和创始股东持股比例将一起被稀释。

从表4-3中可以看出，A轮融资有一个领投投资人和一个跟投投资人。顾名思义，领投投资人负责整个项目的谈判、尽职调查、法律文件……跟投投资人跟从领投投资人投入一部分资金，不过有时候领投投资人拖个跟投投资人一起进来，是有战略考虑的。

表4-3 A轮融资后公司的股权结构

股东名单	股权类型	股份	股份比例（%）
黄总/CEO	普通股	5000000	27.63
刘总/CTO	普通股	3000000	16.58
周总/COO	普通股	2000000	11.05
员工持股	普通股	1764706	8.75
A轮投资人（领投）	优先股	5042017	25.00
A轮投资人（跟投）	优先股	3361345	16.67
合计	20168067		100

创业公司最大的问题是“不定性”，尤其是“证实模式”。黄总虽然融到了资金，但是在A轮融资进来之后不久，公司出现了管理和业务进展上的瓶颈。产品测试屡屡出错，没有按时投放市场，收入也没有按预期进账。不久，A轮融资的资金已经用光，而B轮投资谈判一拖再拖，B轮投资人坚持B轮的估值为5000万元（低于A轮的估值），B轮VC投入3000万元，总估值达到8000万元，B轮投资人还要求给未来团队留10%的期

权，而A轮VC投资条款约定，在B轮融资时如果股价低于A轮的估值,A轮投资人的股份就不稀释。兵临城下，公司危在旦夕，黄总和他的团队不得不同意B轮投资人的条件。

B轮VC融资的资金终于在A轮融资的资金烧光的那一天到位了，还好能让公司支撑下去。此时，A轮投资人的优先股被注明是“次级”。这是行规，最后进来的投资人的优先级别是最高的，上一轮投资人是“次级”优先，再上一轮的是“次次级”。这些优先的级别在发生利益冲突的时候就会生效，比如万一公司要清盘，破盆破罐破家当变卖的资金，最优先的投资人先拿；有剩余的话，次级优先的投资人拿；还有剩余的话，次次级投资人拿；最后剩下的，才是创业者的。

如表4-4所示，A轮投资人的股份比A轮融资时增加了很多。那是因为A轮有“反稀释”条款，为了维持B轮投资人的“股份拼骨图”的百分比，创业者必须拿出自己的一部分股份给A轮投资人，或者让A轮投资人以零成本再获得一部分股份，这里选用的是第二种方法。

表4-4 B轮融资后公司的股权结构

股东名单	股权类型	股份	股份比例（%）
黄总/CEO	普通股	3991597	7.07
刘总/CTO	普通股	2394958	4.24
周总/COO	普通股	1596639	2.83
员工持股	普通股	3781513	6.70
A轮投资人（领投）	优先股（次级）	14117647	25.00
A轮投资人（跟投）	优先股（次级）	9411765	16.67
B轮投资人	优先股	21176471	37.5
合计	56470588		100

B 轮融资完成之后，黄总和他的团队吸取前车之鉴，调整策略，新进资金全都用在了刀刃上，结果一炮打响！这时风险投资者们终于都看到了机会，都愿意出资支持黄总把公司迅速做大。于是，公司的董事会决定进行 C 轮融资。这轮融资以后，公司差不多就得准备上市了。

C 轮融资谈判很顺利，估值也很高，达 B 轮估值的 6 倍，以 4.8 亿元的估值融了 3 亿元。当然，C 轮的投资人也提出要增强核心的上市团队，比如引进了 CFO、销售副总裁，因此期权池（指企业在融资前为未来引进高级人才而预留的一部分股份）又增加了 5%。C 轮融资后，公司的股权结构当然又发生了变化，如表 4-5 所示。

表 4-5 C 轮融资后公司的股权结构

股东名单	股权类型	股份	股份比例（%）
黄总 /CEO	普通股	3991597	4.13
刘总 /CTO	普通股	2394958	2.48
周总 /COO	普通股	1596639	1.65
员工持股	普通股	6753649	6.99
A 轮投资人（领投）	优先股（次次级）	14117647	14.62
A 轮投资人（跟投）	优先股（次次级）	9411765	9.75
B 轮投资人	优先股（次级）	21176471	21.92
C 轮投资人	优先股	37151703	38.46
合计	96594427		100

有了经受过考验的优秀团队、明确的目标，外加充足的资本，黄总的公司如虎添翼，IPO（首次公开募股）上市计划也提上了议事日程。公司选定了上市的地点、承销商，确定了路演的行程和策略。上市之后，公司必将冒出一大串百万、千万富

翁。我们就给他们算算身家，看看他们未来的皮夹有多厚。假设这家公司拿出了20%的股份去上市，每股价格40元，如表4-6所示，持股者都成了富翁。

表 4-6 IPO 时的股权结构

股东名单	股权类型	股份	股份比例（%）
黄总 /CEO	普通股	3991597	3.31
刘总 /CTO	普通股	2394958	1.98
周总 /COO	普通股	1596639	1.32
员工持股	普通股	6753649	5.59
A 轮投资人（领投）	普通股	14117647	11.69
A 轮投资人（跟投）	普通股	9411765	7.79
B 轮投资人	普通股	21176471	17.54
C 轮投资人	普通股	37151703	30.77
上市新发行股	普通股	24148607	20.00
合计	120743034		100

上市后，公司的股票优先级取消了，统统变成了普通股。因为公司上市了，创业时期的那些风险防范就没有必要了，投资者们想的是尽快套现，获得溢价带来的高额回报。

案例中公司上市半个月后，该公司股价一路上涨，连续出现了好几个涨停板。公司股价上涨到80元，不少投资者选择了套现退出。此时，黄总的身家也已达到3亿多元了。

4.2

私募股权，助企业快速抢跑

私募股权融资为创业型企业提供了获得资本和资源的机会。企业要获得私募股权基金的投资，就必须了解私募股权基金的运作原理，掌握私募投资者的需求，为投资者带来实实在在的价值。

所谓私募股权融资（Private Equity，PE），简单来讲就是非上市企业通过出让一部分股权而获得投资的一种融资手段。私募股权融资自1999年进入中国以来，获得了迅猛的发展。私募股权融资的投资对象主要是非上市公司，其有两个不同于其他投资活动的显著特点：一是私募股权融资最终要通过退出获得投资收益；二是私募股权融资在为企业提供资本的同时，还要对被投资企业实施密切的监督与必要的辅助支持，通过调整企业发展战略、改善公司治理状况等来提升企业价值。

※私募股权，加速企业发展

私募股权融资对企业发展的意义不言而喻，它是企业快速发展的加速器，具体表现在以下几个方面：

① 为企业提供了稳定的资金来源

目前，融资困难一直困扰着许多中小企业。中小企业很难获得银行贷款，而且银行贷款要求抵押担保，收取利息，附加限制性契约条款，并可能在企业短期还款困难时取消贷款，给贷款企业造成财务危机。和贷款不同，私募股权融资增加所有者权益，不增加债务，提高了企业的抗风险能力。私募股权融资通常不会要求企业支付股息，因此不会对企业的现金流造成负担。一旦进行私募股权投资后，私募股权投资者将成为被投资企业的全面合作伙伴，不能随意从企业撤资。

② 为企业提供了高附加值的服务

私募股权基金的合伙人都是非常资深的企业家和投资专家，他们的专业知识、管理经验及广泛的商业关系网能够帮助企业成长。私募股权基金投资企业后，成为企业的所有者之一，因此和现有企业所有者的利益是一致的。私募股权基金会尽其所能来帮助企业成长，例如开拓新市场、寻找合适的供货商，以及提供专业的管理咨询等。

③ 降低了企业财务成本

发达国家企业的 CFO（首席财务官）的一个重要职责就是

设计最优的企业资本结构，从而降低财务成本。通过股权融资和债权融资的合理搭配，企业不仅可以降低财务风险，还可以降低融资成本。企业的资产负债表越漂亮，就越容易获得银行贷款，进而降低贷款成本。

④ 提高了企业内在价值

能够获得顶尖的私募股权基金的支持本身就证明了企业的实力，与上市达到的效果类似，企业会因此获得知名度和可信度，会更容易赢得客户，也更容易在各种谈判中赢得主动。获得顶尖的私募股权基金投资的企业，通常会更加有效率地运作，可以在较短时间内大幅提升企业的业绩。企业可以通过所融资金扩大生产规模，降低单位生产成本，或者通过兼并收购扩大竞争优势，还可以利用私募股权融资产生的财务和专业优势，实现快速扩张。

⑤ 树立了企业在资本市场的优质形象

一家企业获得专业私募股权基金的投资，往往会大大提升自己在资本市场的形象，在下次私募股权融资时，就会比较容易。同时，私募股权投资者也会竭尽全力帮助企业去获得融资，以提升企业的价值。

⑥ 提升了企业治理水平

私募股权基金的加入，意味着股东人数的增加，企业股份结构逐步走向分散。这必然推动企业完善治理结构，建立董事会、股东大会、监事会等职能机构，并逐步完善其职能，发挥董事会在治理结构中的核心地位，确保股东的利益。借助近期中国资本市场不断完善的契机，大多数PE机构相信中国的私募股权投资会迎来一个快速发展的黄金时期，推动中国资本市场的复苏与繁荣。

G公司成为准上市公司的关键

G公司是一家制作娱乐视频内容的运营商，旗下业务主要包括动画视频开发、短片影视拍摄、搞笑视频制作、广告视频制作等，形成以视频制作为核心的一系列业务体系，借用手机、互联网等自媒体进行传播，已吸引了上百万的粉丝量。由于前期投入比较大，公司发展面临资金困难，G公司创始人张总开始考虑做私募股权融资。

E公司是一家专门做风险投资的私募股权基金公司，主要投资领域为互联网、娱乐、自媒体、健康等行业，刚好与G公司的需求吻合对接。双方负责人进行了好几轮的洽谈，最终敲定了投资合同。E公司投资500万元入股G公司，占股20%。

E公司在行业领域拥有众多的资源。为了分散风险，E公司在视频制作领域投资的公司就有十几家，因此，E公司不仅能够为G公司提出专业化的咨询辅导意见，更能帮助G公司对接想要的资源。

Z公司是一家做自媒体的企业，拥有庞大的粉丝群体。在E公司的帮助下,G公司与Z公司达成了战略合作，双方交叉持股。这样，G公司获得了一个更加强大的平台资源，可以通过内容传播获得更多粉丝的关注，公司因此快速成长。随着G公司发展的需要，G公司与Z公司进行了进一步整合，双方合并财务报表，成为一家公司，同时吸引另外的私募股权投资基金的投资，逐步为上市做准备。

案例中G公司由一家名不见经传的小企业迅速成长为一家可以满足上市要求的准上市公司，其成功的关键要归结于私募股权投资基金的推动。企业借用私募股权基金的帮助，已经由“爬楼梯”的阶段过渡到“坐电梯”的阶段，企业发展能够更快更轻松。

※股权投资，实现“星火燎原”目标

一家小企业要想在全国各地开出分公司，往往非常艰难，资金不足、团队建设跟不上等各种问题会接踵而来，困扰企业。从经营的角度来看，企业最先要做的是做好样板市场，把基础打牢。样板市场做好之后，才方便拓展全国市场，在各地开分公司，将产品下沉到当地区域。从资本的层面来看，一个实力不强的企业要想在全国各地开分公司，一方面这会加大企业的经营风险；另一方面没有足够的资金支持，很容易导致公司资金链断裂。

那么，如何解决这样的问题？企业借用分公司的股权进行融资，就可以大大降低经营风险，“星火燎原”，进而实现公司

既定的战略目标。

首先，企业开出第一家分公司，将分公司经营好，达到投资的要求。从股权结构来看，总公司占股份公司100%的股份。此时，企业将分公司的部分股份出售给当地的股权投资者，获得一定数额的资金，然后借用这笔资金启动另外一个市场，开第二家分公司。企业将第二家分公司经营好后，再借用之前的方式进行股权融资，获得发展资金，如此循环往复，开更多的分公司。

在全国各地开了众多的分公司之后，企业可以对分公司的股权结构进行重组，将分公司的股东提升到总公司来，实现整体上市的目标。

Y公司的股权融资方案

Y公司老板投资100万元，首先在广州打造了第一个样板市场，也就是开了自己的第一家具有独立法人资格的公司，同时将该公司经营好，不断寻找当地的股权投资者。股权投资者L看到这家公司的发展潜力，率先进行股权投资，该公司的评估价值为1000万元，L投资200万元，购买该公司20%的股份。

Y公司获得200万元后，继续投资开分公司，分别在深圳和上海开出两家分公司，每家分公司投资100万元，同时将其做到1000万元市值的公司，继续股权融资。深圳和上海的分公司每家融资到200万元，一共是400万元，然后在北京、武汉、长沙、成都开出4家分公司，并按照以前的模式持续滚动。没过几年，Y公司在全国各省会城市都有了自己的子公司，实现了产品覆盖全国的目标，规模效应也逐步显现。

这时，公司市值已经达到35亿元，除了分散的股权结构对公司上市有一定的影响外，公司基本上具备了在创业板上市的条件。于是，Y公司将所有分公司的股份进行重组，成立一家持股公司，将投资者的股份都转入这家公司，持有总公司的股份，总公司持有全部分公司的股份，同时合并财务报表。等公司上市以后，就可以利用二级市场融入的资金进行快速发展，同时也为广大的投资者提供了套现退出的机会。

以上方案是一个较理想化的股权融资“星火燎原”方案，在实施过程中可能会遭遇各种困难，但基本思维可以借鉴。企业在吸引投资者时，一定要让投资者看到价值，否则再好的方案也难成功。

4.3 借用资本和股权去整合资源

兼并、收购、重组等各种方式，是企业整合其他资源的表现形式，都涉及公司股份的流动和产权的变更，以资本和股权的方式去整合对方的股份或资产，让一切资源为我所用。

上市融资加并购整合是资源整合最有效的方式之一，借助资本的力量，企业可实现跨越式的发展。通过兼并或收购，提高了企业劳动生产率、盈利水平和竞争力，加速了优秀企业的发展，促使资源得到优化配置，推动了一个国家生产力的增长。

在资源整合过程中，根据需要，企业既可以获得对方的股权，也可以获取对方的资产。企业借用资本和股权去整合其他企业的方式主要有合并、兼并、并购、换股等方式，下面我们将重点阐述并购。

※兼并与收购，实现跨越式发展

什么是兼并？兼并是指一个公司采取各种形式有偿接受其他公司的产权，使被兼并公司丧失法人资格或改变法人实体的经济活动。

什么是收购？收购是一家公司（收购方）通过现金、股票等方式购买另一家公司（被收购公司或目标公司）的部分或全部股票或资产，从而获得对该公司的控制权的经济活动。

从表 4-7 中，我们可以看到兼并与收购的相同与不同之处。

表 4-7 兼并与收购的异同点

		兼并	收购
相同	本质	公司所有权或产权的有偿转让	
	经营理念	通过外部扩张型战略谋求自身的发展	
	目的	加强公司竞争能力，扩充经济实力，形成规模经济，实现资产一体化和经营一体化	
不同	A. 被兼并公司的法人实体是否存在	被兼并公司作为经济实体已不存在，被兼并方放弃法人资格并转让产权，兼并公司接受产权、义务和责任	被收购公司作为经济实体仍然存在，被收购方仍具有法人资格，收购方只是通过控股掌握了该公司的部分所有权和经营决策权
	B. 价格支付方式	以现金、债务转移为主要交易条件	以所占有公司股份份额达到控股为依据来实现对被收购公司产权的占有
	C. 范围	范围较广，任何公司都可以自愿进入兼并交易市场	一般只发生在股票市场中，被收购的公司一般是上市公司
	D. 行为发生后是否需要重组策略	资产一般需要重新组合、调整	以股票市场为中介的，收购后公司变化形式比较平和

在《中华人民共和国公司法》中，只有关于公司合并的规定，没有关于公司兼并的规定，因此“兼并”究竟是不是一个法律概念，一直是有争议的问题。在国外，使用较多的是“并购”。在我国的实践中，很多情况下兼并与合并相同，而在另外一些情况下，兼并与收购相同。在这里，我们主要来讲解一下并购。

企业进行并购的目的到底是什么？一般来说，有以下六个目的。

① 获取核心竞争力

获取核心竞争力包括获得对方的客户资源、渠道、市场占有率、新技术专利、优良资产、品牌等。企业获得这些方面的资源，就可以增强自身实力，弥补自身短板。企业获取对方的核心竞争力，可以实现“1+1>2”的效果。

② 扫除竞争对手

扫除竞争对手，实现垄断利润的最大化，这是不少企业追求的方向。企业进行横向并购可以将竞争对手整合到自身的旗下，既扫除了竞争对手，又实现了强强联合。分众传媒就是一个典型的案例，通过并购框架传媒、聚众传媒、好耶等公司，迅速做到行业第一位，构建了自己的户外楼宇广告帝国。

③ 获得规模效益和协同效应

规模效益和协同效应对于不少企业的发展来说意义重大。一般来说，固定资产比重较高的企业，实现规模化生产能够大大降低企业的成本比重。规模化和协同性能够带来良好的信誉，增强产品在客户心中的信任度，形成良好的品牌效应。

④ 提高对上游供应商与下游客户的议价能力

企业通过并购重组后，无论是生产能力、销售能力都会大大增强，市场占有率也会迅速提高，企业对上下游的影响力自然也会大大增强。无论是上游供应商还是下游出货商、客户，为了确保更大的利益，都必须努力争取和该公司合作的机会，从而不得不降低自身的要求。

⑤ 合理配置资源

通过并购之后，企业对整体资源调配能力的把握也大大增强。企业可以根据市场的需求，合理配置资源，更好地服务客户，避免了并购之前因多家企业恶性竞争带来的资源浪费及低下的客户满意度。

⑥ 获取新的市场

企业并购整合之后，自身实力大大增强，新产品研发能力、市场培育能力、人才吸引能力等都会得到提升，可以更快更好地抢占新市场，占据制高点。

分众传媒：用并购做到第一

分众传媒（以下简称“分众”）2005年7月于美国上市后，就开始了其长达数年的并购之路。它以令业界惊讶的速度构建了一个包括楼宇电视、卖场终端电视、公寓电梯海报、手机广告网络、户外LED、影院广告及互联网广告等业务在内的比较完备的新媒体产业格局。

分众传媒之所以能成为广告业的巨头，与其几次重大的收购战略密不可分。这几次并购，从根本上将分众传媒由单一业务（商业写字楼楼宇广告）公司转变成具有多元化业务的媒体集团。

1.多花钱也要拿下玺诚传媒。

2007年12月11日，分众传媒宣布以1.684亿美元现金收购即将上市的卖场广告运营商玺诚传媒（以下简称玺诚）的全部股份。如果在交易完成后24个月之内玺诚达到特定收益目标，分众还将再支付最高1.816亿美元的现金加股票。

就在一年前，分众创始人江南春还公开表示不看好玺诚的扩张。然而，正是这个他“很怀疑能坚持多久”的玺诚，直接导致分众卖场广告的利润率趋低。分众财报显示，2006年第三季度分众卖场广告的毛利率为36.4%，而2007年同期这一数字已经下降至17.7%，卖场广告成为分众毛利率最低的板块。

2005年和2006年，分众和玺诚有过两次并购谈判，皆因玺诚出价太高未果。但看到玺诚招股说明书中的财务数据，江南春立即启动第三次谈判。“分众的决心，是在必须做出选择的时候才做出。”江南春说。最终，双方在玺诚上市前48个小时达成协议。“如果再达不成协议，今后收购的可能性就更小了。”玺诚首席运营官曹志高说。分众的收购也刺激了资本市场的胃口。花旗集团分析师将分众的目标股价从80美元调升至86美元，并维持该公司“买入”评级。

2.被逼无奈的收购。

这已经不是分众第一次主动扮演“门口的野蛮人”角色。

不过，分众最早一次上亿美元的收购却是“被逼无奈”。

2005 年，趁分众去美国上市之际，时任框架传媒（以下简称框架）CEO 的谭智带领公司在短短 11 个月内接连整合了 9 家一线城市的电梯平面媒体公司。江南春从美国回来，发现他想收购的那些公司十有八九已被框架收归帐下。于是，江南春同谭智的谈判开始了。最后的结果，是框架以 1.83 亿美元的价格出售给分众，成为分众的子公司。江南春事后抱怨，如果不是框架，他能以十分之一的价格把这些公司全买下来。

“为什么它们能被框架整合？因为它们喜欢这个整合的故事，框架也喜欢，所以最后我把自己整合进分众了。”新任分众传媒 CEO 谭智说。虽然“被迫”收购框架让分众在价格上吃了亏，但却开启了江南春的想象力，“谭智让我清楚地看到了整合的价值”，此后一系列的商业并购皆是源于框架的榜样力量。精通整合操盘的谭智，则成了江南春收购时最重要的助手。

3. 收购聚众传媒，坐上头把交椅。

江南春与谭智搭档后的第一次收购，就吞并了分众最大的竞争对手聚众传媒。2004 年底和 2005 年分众上市前后是分众历史上最艰难的时刻。此时，分众第二轮 1250 万美元融资尚未到位，而美国凯雷投资集团（以下简称“凯雷”）则宣布给中国第二大楼宇视频媒体运营商聚众传媒注资 1500 万美元。分众面临前所未有的资金压力，也最有可能被聚众翻盘。有半年多的时间，分众和聚众展开了惨烈的血拼。

为了争取广告主，双方的广告报价曾一路从 7 折降到 4 折。“每一张单子都刀刀见血。”一位地区销售总监回忆。更让江南春头疼的是，由于聚众传媒的存在，原本可以轻松拿下的液晶电视安置场所成了物业拥有者待价而沽的“香饽饽”，投入成本一路走高。一栋品质很不错的商务楼宇内，安装一台液晶显示屏的租金可能只有1000元，而在两个公司的竞相抬价中，这一价格可能会很离谱地上涨10倍。

2006年初，在凯雷和摩根士丹利（一家成立于美国纽约的国际金融服务公司，俗称“大摩”）的推动下，分众终于达成了收购聚众的心愿，以约3.25亿美元的价格取得后者100%的股权，坐上了行业的头把交椅。

分众以楼宇广告为发力点，在广告行业内掀起二十多次收购及战略合作部署，包括并购框架、聚众、好耶等公司。目前，公司主营楼宇电视广告、互联网广告、无线广告三大核心业务，并同时涉足互联网数据分析、网络广告监测、房地产广告、校园传媒、医院传媒等垂直广告领域。

经过一系列的并购，分众成为中国最大的数字化媒体集团，市值达70亿美元。2007年12月24日，分众传媒成为第一个被纳入“纳斯达克100指数”的中国广告传媒股，也成为仅次于中央电视台的第二大广告传媒公司。

※股权并购，攫取超高利润

股权并购最重要的目的是掌握目标企业的控股权。并购企业通过协议购买目标企业的股权或认购目标企业的增资方式，成为目标企业股东，进而达到参与、控制目标企业的目的。

股权并购操作简单，虽不需要并购企业拥有丰富的行业经验，但却需要并购企业对目标企业及行业有充分的调查研究，能够充分估计并购带来的各种风险及并购成本。

股权并购基金（专注于对目标企业进行并购的基金）借用并购标的的快速增值和溢价转让，能够攫取企业超高的利润。

B公司通过股权并购获得超高利润

A企业是一家年利润2000万元、年销售额2亿元的非上市公司，经过专业会计师评估，公司估值2亿元，也就是说市盈率为10倍。B公司是一家股权并购基金公司，在对A公司进行考察后，觉得A公司有很好的发展前景，于是考虑对A公司进行投资。

经过对A公司进行尽职调查及与A公司股东协商之后，B公司决定投资5000万元，占股20%。

半年之后，A公司业绩不断上涨。B公司对A公司的项目不断包装，将公司财务进一步规范化，同时不断完善公司的治理结构、商业模式、组织规划等，使A公司更加符合资本市场的需求。

经过多次寻找，B公司终于找到另外一家上市公司C，打算借用上市公司C去并购A企业，自身在溢价中套现退出。经过几轮的洽谈，C公司愿意收购B公司的全部股份。

A公司召开股东大会，对B公司提出的建议进行讨论，股东大会通过被并购的决议，但前提是公司的估值不得低于9亿元。B公司传达相关意见给C公司，C公司召开股东大会进行讨论，经过几轮激烈的争论，最终同意以8亿元的价格收购A公司100%的股份。

A、C两公司又经过了几轮的磋商，最终达成协议，C公司同意A公司9亿元的定价，但是不以现金收购A公司股东的股份，而是以C公司的流通股交换。C公司在二级市场上的股票价格为 10 元，那么 A 公司所有股东合计获得收购后的上市公司 C 公司的 9000 万股，其中，B 公司获得 1800 万股。

收购之后，C 公司股价持续上涨，由当初的 10 元 / 股上涨到 15 元 / 股。B 公司借此机会套现退出，也就是说，当初 5000 万元的投资，半年时间，已经变成了 2.7 亿元，溢价 5.4 倍。

※是资产并购，还是股权并购

股权并购和资产并购是并购的两种不同方式。股权并购是指投资人通过购买目标公司股东的股权或认购目标公司的增资，从而获得目标公司股权的并购行为；而资产并购是指投资人通过购买目标公司有价值的资产（如不动产、无形资产、机器设备等）并运营该资产，从而获得目标公司的利润创造能力，实现与股权并购类似效果的并购行为。

公司合并，从表面上看是公司与公司之间的关系，但实质上仍是参加合并的各公司股东权益的并接，仍需要按照各方拥有的权益确定其在合并后的公司中所持有的股份比例。所以合并并购仍属于股权并购的一种操作模式。

合并并购以参加合并的各公司有合并的可能和需要，且各公司的股东同意公司合并为条件。合并并购需要履行公司合并的法律程序，重点和难点是参加合并的各公司股东之间的权益的比价，因为这决定股东在合并后公司中持有股份的多少，从而关系到股东的切身利益。

选择合适的并购操作模式

甲公司股东与乙公司股东洽谈并购乙公司事宜，由于双方在市场中处于竞争关系，乙公司不愿意对自己的经营情况、财务数据，特别是销售情况做全面的披露，甲公司只好选择资产并购的方式。

当双方初步谈妥转让资产的总价格，并在此基础上做详细测算时，乙公司股东发现，如果采取资产并购模式自己不仅会多支付 4000 多万元的税金（营业税、增值税和企业所得税），而且公司出让资产后还需要履行清算程序，并支付大量的清算费用。

于是，乙公司要求改变交易方式，同意按照规则进行全面披露，甲公司也愿意在乙公司股东对公司进行全面披露的基础上对乙公司进行股权并购。

结果，双方顺利地完成了股权并购，甲公司受让了乙公司全体股东的全部股权。并购方式的变更使得乙公司全体股东共增收 4000 多万元。

合并并购比增资并购更复杂，但可以在不增加投资的情况下扩大投资公司的控制规模。同样，合并并购也可以与其他并购操作模式同时使用。

4.4
让股权投资者安全“着陆”

企业进行股权融资，必须要有相应的退出机制。公司股东的退出，实际就是在用股份换资本，实现套现的目的。企业上市、新股东加入、公司股份回购等都为股东退出提供了安全“着陆”的机会。

企业无论是用股权进行融资，还是用股权激励内部员工或外部客户，最先思考的问题都是持有公司股份的股东如何退出的问题。因为完备的股份退出机制能够确保股东的利益，是股份能够发挥魅力的关键。

对于风险投资者来说，股份退出机制是确保投资者资产增值、实现投资目标的关键性制度安排；对于股权激励对象来说，退出机制是激励他们努力工作、推动企业快速发展，进而实现自身财富增值的保障。

股份的退出包含两层含义：一是主动退出，即股东选择在股份增值后主动套现退出，实现自身的财富目标；二是被动退出，因公司经营不善、资金链断裂或投资效益不佳等原因，股东继续持有股份已经没有什么好的前景，不得不将股份出售转让，这意味着不良资产的处置套现。

股份的退出有项目公司上市、股份溢价转让、股份回购和公司清理四种表现形式。下面，我们将着重探讨企业上市和股份回购这两种形式。

※企业上市：为股东设计最佳退出通道

公司上市，对企业和投资者来说，都具有重大意义。它不仅为企业提供了融资方便、价值提升的通道，也为投资者设计了一个自由变现的通道，如图 4-3 所示。

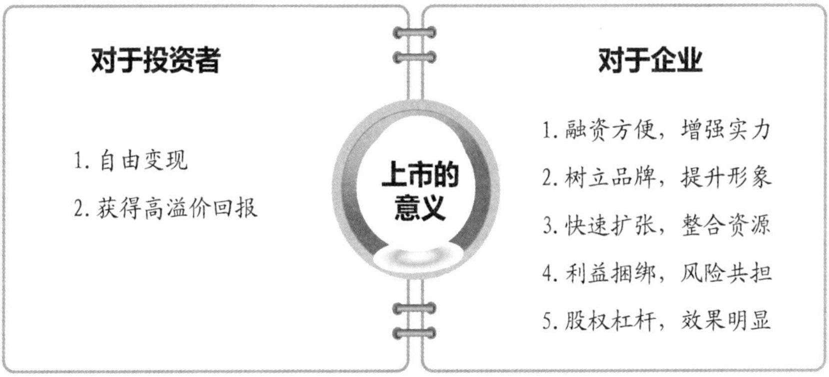

图4-3　企业上市的意义

① 自由变现

公募基金市场，意味着股份可以自由变现，前面的投资者，包括 PE、VC、外部股权激励对象、内部股权激励对象等，都可以在资本市场自由交易。尽管证监会对企业核心高管有严格的套现退出规定，但是这一点也不影响股权对他们的激励作用。

如果企业不上市，投资者要想退出套现，往往非常困难。因此，资本市场对于没有上市计划的企业往往缺乏兴趣，除非有资金雄厚的接盘人参与。

② 获得高溢价回报

前文提到，阿里巴巴上市让许多人成了百万富翁甚至亿万富翁，可以看出公司股份溢价带来的回报非常可观。同样，企业上市给投资者带来的回报更是丰厚。日本软银集团总裁孙正义投资阿里巴巴，铸就其成为世界首富；南非亿万富豪库尔斯·贝克仅仅对腾讯投资了 3200 万美元，就获得了 660 亿美元的回报，折合人民币 4000 亿元。

对企业的创始人来说，企业上市带来的回报更不必多说。例如，2015 年蓝思科技集团成功登陆创业板后，其董事长周群飞一跃成为中国女首富，身家达到 400 多亿元。其他因企业上市而产生的富豪更是不胜枚举，这与企业股份高溢价带来的回报密切相关。

③ 融资方便，增强实力

企业上市后，通过发行股票能够迅速聚集财富，增强公司的现金流量，为企业发展注入强大的实力，同时可以改善公司员工的待遇，吸引优秀人才加盟，可以更好地提升产品和服务质量，改善企业经营状况等。

④ 树立品牌，提升形象

企业上市，也意味着企业的治理结构由封闭型转变为公众型，企业必须为所有投资者负责，及时准确地披露公司的财务状况、经营状况。同时，企业也将成为媒体关注的焦点，成为财经媒体谈论的话题，这本身就可以带来极高的曝光率，提升企业整体形象。此外，上市企业良好的信誉保障也是提升企业形象的一大关键。

⑤ 快速扩张，整合资源

企业上市便意味着企业率先拉起了一面资源整合的大旗，借用投资者庞大的资金资源，企业可以进行兼并重组，将那些对自己有帮助的企业和资源整合到自己旗下，通过强大的资金实力打败竞争对手。

⑥ 利益捆绑，风险共担

企业发行股票，实行非定向资金的募集，便意味着拥有了成千上万的股东。他们既分享企业成长带来的收益，也要承担企业发展遇到的风险。当企业经营不善导致公司股价大幅下滑时，也意味着众多持股人将遭遇损失；而当企业经营蒸蒸日上时，他们也可以享受因发展带来的收益。

⑦ 股权杠杆，效果明显

企业上市，存在着一个股份溢价的空间，此时公司股份对于任何人来说，都非常具有吸引力。企业推行股权激励，无论是内部激励还是外部激励，都能充分调动大家的积极性，产生良好的效果。

企业上市对企业发展的帮助是非常明显的。企业要运用好消费型股权，做好企业经营，就必须要有一个上市计划，营造一个财富梦想，这样才能激活关联的资源为我所用，让大家参与到分享未来的财富盛宴当中。从国内外资本市场的分布来看，中国内地企业既可以选择在内地上市或在香港上市，也可以赴海外上市，如图 4-4 所示。

在海外上市的场地主要有新加坡、欧洲、美国；在国内，可以选择在上海、深圳上市，还可以选择在香港上市。目前，我国内地已构建了多层次的资本市场，主板、中小板、创业板可以实现公开募集资金，企业也可以选择在新三板或四板（区域性股权交易场所）进行挂牌交易。

在外商投资的股份有限公司申请境外上市过程中和上市后，投资者可以通过两种方式退出在该股份公司的投资，即在股份发行的时候发售一部分现有股份和在公司上市后向其他投资者转让所持有的公司股份，但须遵守有关法律和交易所上市的规定，并履行相关的法律程序。

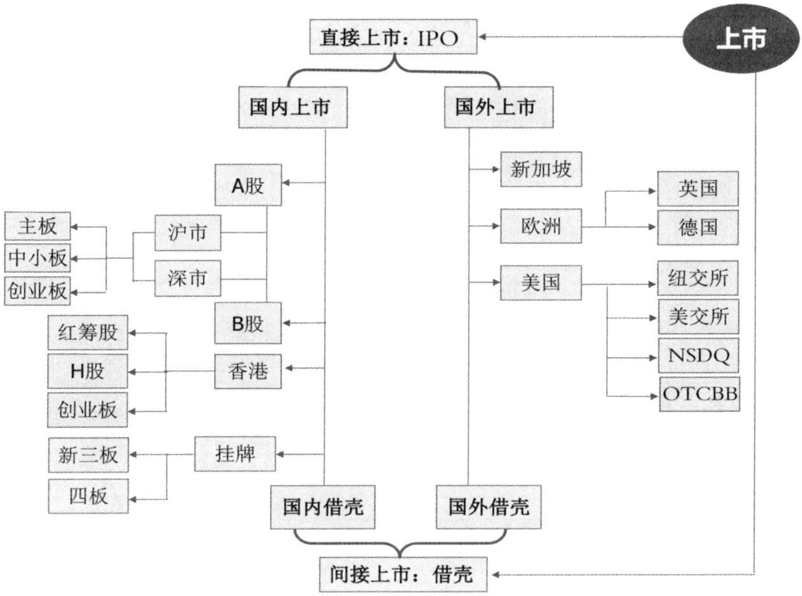

图4-4　国内外上市交易所分布

上海证券交易所和深圳证券交易所是中国内地企业上市的主要场所，企业进行 IPO，目前可以选择的是主板、中小板和创业板。这几种资本市场的基本上市条件如表 4-8 所示。

表 4-8　主板、中小板、创业板上市的基本条件

条件	主板、中小板	创业板
主体资格	依法设立且合法存续的股份有限公司	依法设立且持续经营 3 年以上的股份有限公司
经营年限	持续经营时间应当在 3 年以上（有限公司按原账面净资产值折股整体变更为股份公司，经营时间可连续计算）	持续经营时间应当在 3 年以上（有限公司按原账面净资产值折股整体变更为股份公司，经营时间可连续计算）
盈利要求（几种要求为选择性标准，符合其中一条即可）	1. 最近 3 个会计年度净利润均为正数且累计超过人民币 3000 万元，净利润以扣除非经常性损益前后较低者为计算依据	1. 最近两年连续盈利，最近两年净利润累计不少于 1000 万元，且持续增长；净利润以扣除非经常性损益前后较低者为计算依据

续表

条件	主板、中小板	创业板
盈利要求（几种要求为选择性标准，符合其中一条即可）	2. 最近3个会计年度经营活动产生的现金流量净额累计超过人民币5000万元；或者最近3个会计年度营业收入累计超过人民币3亿元 3. 最近一期不存在未弥补亏损	2. 最近一年盈利，且净利润不少于500万元，最近一年营业收入不少于5000万元，最近两年营业收入增长率均不低于30%
资产要求	最近一期末无形资产（扣除土地使用权、水面养殖权和采矿权等后）占净资产的比例不高于20%	最近一期末净资产不少于2000万元
股本要求	发行前股本总额不少于人民币3000万元	企业发行后的股本总额不少于3000万元
主营业务要求	最近3年内主营业务没有发生重大变化	发行人应当主营业务突出；同时，要求募集资金只能用于发展主营业务
其他要求	无	1. 发行人的经营成果对税收优惠不存在严重依赖 2. 在公司治理方面参照主板上市公司从严要求，要求董事会下设审计委员会，并强化独立董事职责，明确控股股东责任 3. 要求保荐人对公司成长性、自主创新能力做尽职调查和审慎判断，并出具专项意见 4. 要求发行人的控股股东对招股说明书签署确认意见 5. 要求发行人在招股说明书显要位置做出风险提示，内容为“本次股票发行后拟在创业板市场上市，该市场具有较高的投资风险。创业板公司具有业绩不稳定、经营风险高等特点，投资者面临较大的市场波动风险，投资者应充分了解创业板市场的投资风险及本公司所披露的风险因素，审慎做出投资决定” 6. 不要求发行人编制招股说明书摘要

红杉资本退出唯品会经过

2012年，唯品会正式登陆美国纽交所，成为上市公司。截至2015年3月底，唯品会创始人沈亚与洪晓波分别持有股份14.1%、7.6%，天使投资人即欧时力创始人徐宇则持有唯品会3.4%的股份，三人共持股合计25.1%。

以唯品会2016年3月28日收盘价13.74美元/股计算，沈亚与洪晓波的身家分别为10.99亿美元和5.92亿美元。持有唯品会3.4%股权的徐宇，手中股份也价值2.65亿美元。

与以上三位股东同样受到关注的，还有唯品会上市前A轮、B轮融资的主要投资者红杉资本。公开资料显示，唯品会在2010年和2011年先后获得红杉资本总计7000万美元的投资，上市初期，红杉资本持股比例约为19%。而随着唯品会的上市，红杉资本获利后正在逐步退出。

从各种公开资料来看，2013年6月，红杉资本减持唯品会90万股，当时股价29美元/股；2014年3月，红杉资本再次减持唯品会股份，持股比例降至9.4%，当时获利约5.25亿美元；2015年2月至3月，红杉资本又以总价2.13亿美元减持唯品会16万股；2015年3月至2016年3月，红杉资本又售出价值5.64亿美元的唯品会股份。

根据上述计算，红杉资本在唯品会上市后，通过逐步退出至少已累计获利13.28亿美元，相比其早期投资唯品会的7000万美元，已获利近19倍。

※股份回购：解决股东退出问题

股份回购是指股份发行公司或原来股东向那些愿意或根据原有协议须将股份出售的股东回购股份的一种行为。股份回购的方式主要有四种：公开市场回购、要约收购、协议回购、公司清算。

① 公开市场回购

公开市场回购是指公司在股票的公开交易市场上回购股票。这种方法操作简便，缺点是在公开市场购买时会推高股价，从而增加回购成本。另外，交易税和交易佣金也是公开回购不可忽视的成本。

② 要约收购

要约收购是指公司向目标公司的股东发出收购公告，并按照依法公告的收购要约中所规定的收购条件、价格、期限等收购目标公司股份的收购方式。为吸引卖者，要约价格一般会定得略高于市价。如果目标公司愿意出售的股票多于要约数量，公司就会按一定的配股比例向股东配购。要约收购是成熟资本市场中上市公司并购交易的主要方式。要约收购不需要事先征得目标公司管理层的同意。

如果投资者已经持有一家上市公司已发行股份的30%，还要继续进行收购时，应当依法向该上市公司所有股东发出收购要约，并将要收购的条件和要求告诉该公司股票的其他投资者。

其他投资者在接到要约后，可以按规定将股票卖给收购人，也可以不卖。

并购要约具有相当严格的约束力，意在保护受要约人选择在一定期间内是否接受要约的权利，从而使目标公司股东利益在要约收购过程中得到保护。

可以说，要约收购制度让小股东可以根据自己对新控股股东的进入是否会对自己利益构成侵害的判断，来选择是否采取“用脚投票”（指投资者挑选那些能够满足自身需求的环境，来决定资本流向），以达到退出公司、免受侵害的目的。

③ 协议回购

协议回购是指公司根据股权协议转让价购回主要股东的部分股票。当公司欲从一个或几个主要股东手中回购股票时，一般会采用这种方式。但这种交易需要制定合理的回购价格，防止大股东借此高价售回股票，损害未售回股份的利益。

根据《上市公司章程指引》规定：公司回购股份可以下列方式之一进行：第一，向全体股东按照相同比例发出购回要约；第二，通过公开交易方式购回；第三，法律、行政法规规定和国务院证券主管部门批准的其他情形。

④ 公司清算

公司清算是指在公司面临终止的情况下，负有清算义务的主体按照法律规定的方式、程序对公司的资产、负债、股东权益等公司的状况做全面的清理和处置，使公司与其他社会主体之间产生的权利和义务归于终结，从而为公司的终止提供合理依据的法律行为。在此过程中，公司的法人资格将被剥夺。

公司终止的原因有两种：一种是公司解散。公司解散有强制解散和自愿解散两种情形。另一种是公司破产，即公司基于宣告破产而终止。这两种情况都会引起公司清算，只是清算组织和清算程序存在不同。

清偿了全部公司债务之后，如果公司财产还有剩余，清算组才能够将公司剩余财产分配给股东。剩余财产分配给股东时，最先分配给公司章程规定的优先股股东，然后才是普通股股东。

根据《中华人民共和国公司法》第一百八十六条规定，关于公司偿还债务后剩余财产的分配，有限责任公司按照各股东的出资比例进行分配，股份有限公司按照各股东持有的股份比例进行分配。

取得公司剩余财产的分配权，是公司股东自益权的一项重要内容，也是公司股东的基本权利。在分配方式上，可采取货币分配、实物分配或作价分配等形式，其基本要求是：既最大限度保护股东的权益，又体现平等和公平分配原则。

J公司股东退出解决方案

J公司是一家家饰生产企业，产品销售网络遍布全国各地。该公司从创业初期一个名不见经传的小作坊成长为如今行业里的领头企业，有赖于3位创始人的齐心协力。

负责运营的张总、负责渠道的李总及负责产品的赵总，是J公司的3位合伙人。创业初期，3人每人拿出10万元，一共凑了30万元，才把这家公司慢慢经营起来。因此，三位老总的股份占比都是1/3。

没过几年，J公司就获得了投资人的青睐。一家私募股权投资公司M公司打算给J公司注资2000万元，但是考虑到J公司不合理的股权结构及股东之间的矛盾，没有立即注资，而是提出了自己的看法。

公司做大了，J公司的问题也逐步凸显。张总、李总、赵总，每个人都有自己的想法，谁也不服谁。于是，一直负责与资本进行洽谈的张总提议，自己退出，要求另外两人以当初的公司估值进行定价，将他的1/3的股份进行回购。

公司上下都没想到张总会退出，一方面张总正在和资本方洽谈，另一方面他是公司最主要的负责人，培养了不少能臣干将。如果他退出，可能会带走这批人，从而影响公司估值。

考虑再三，李总、赵总决定退出，要求公司回购他们的所有股份。经过评估，李总、赵总股份价格都是3000万元。也就是说，张总要一下子支付6000万元的现金，这对他来说根本不可能。

于是，张总开始四处筹钱，进行杠杆回购。M公司可以投资3000万元，收购公司30%的股份，可是仍然有3000万元的缺口。思虑再三，张总以股权做质押，向银行贷款2500万元，同时拿出10%的股份，在员工内部做股权激励。

经过这一轮股权调整，J公司的大股东变成了张总，持股60%；M公司持股30%；内部员工持股10%。

股份回购，为企业融资创造了机会。案例中的J公司在后期发展中，分别获得第二轮、第三轮的融资，为上市做好了充分的准备。

05

股权激励：

股权价值提升与魅力宣导

▼

消费型股权激励是以公司股份为标的，激励内部员工和外部客户的经营模式。所以，股份的价值在某种程度上决定了激励对象所受激励的大小。一个没有多大价值或无法让员工看到希望的股份，是没有任何激励效果的！

5.1 提升股价，增强吸引力

公司股份价值从某种程度上反映了公司的经营状况，要提升公司股价，就必须提升公司整体的经营表现及未来的竞争力。只有蒸蒸日上的企业，在做股权激励时才能调动相关人员的热情。

对一家企业来说，无论是对内部员工还是对外部客户进行股权激励，都必定会涉及公司股份价值的问题。如果公司发展前景不好，股份价值不大，那么无论是对内还是对外做股权激励，都是没有效果的。因为大家看不到希望，就不会产生动力。

不管是企业还是个人，都要有成就他人之心，这样才能成就自己。因此，通过股权运作经营企业，不仅要让公司股份价值为激励对象带来实实在在的收益，还需要让激励对象看到、听到、感觉到股权的魅力所在，激励大家为企业发展贡献力量，这样才能推动企业发展。

※多种因素推动公司股价提升

公司股份价值的提升，从外在表现形式来看，就是公司竞争力的提升、利润水平的提升、销售额的增长、市场占有率的提升、产品或服务的知名度和美誉度的提升等；从内在的因素来看，主要反映为内部管理水平的提升、商业模式的提升、产品或服务的优化升级、外部竞争环境的改变、客户消费习惯的改变等。

当然，公司股份价值的提升有可能是多种因素共同作用的结果，也有可能是某一种因素带来的效果。从公司的现状出发，强化某些优势，能够很好地提升公司股份的价值。假定其他情况相差无几，一个治理水平较完善的公司会比治理水平较差的公司的股份价值高出很多。同样，一个获得专业私募股权基金投资的公司，股份价值会比同等情况下未能获得私募股权基金投资的公司高。

具备创新商业模式的公司往往能获得更高的股份价值。尤其是对于具备高成长性，并且商业模式能够为企业带来良好发展空间的企业，股份价值更高，在融资过程中也会更容易收获高溢价。

用游戏引爆“茶粉”

随着电子商务的迅猛发展，茶叶这种传统的产业也被搬到互联网上，淘宝、京东商城上都有各种品牌的茶叶在销售。

C公司原本是一家茶业连锁门店经营企业，为适应时代的需要，该公司开通了一个专业销售茶叶的电商平台，与淘宝、京东、一号店合作开店，还购买了门户网站和天涯社区茶叶频道等几十家媒体的独家经营权，大力推广本公司的产品。

C公司的产品不仅有自产的品牌茶叶，还有代理的七彩云南、黄山毛峰、安溪铁观音等近百种品牌的茶叶，可谓品种丰富。

起初，C公司做得有声有色，还获得了风险投资商的1000万元的投资，公司估价达到1亿元。但随着越来越多的茶叶企业转战电子商务平台，市场竞争迅速白热化。价格战、假冒名牌产品等扰乱了市场，对C公司构成了严重的威胁。

C公司的老板马总认为，公司之前的成功仅仅是将习惯线下消费的用户导入线上平台，这个用户群体数量始终不大。能不能用其他渠道带动那些原本不喝茶的用户呢？要解决这个问题，C公司需要付出巨大的教育成本来改变用户的消费习惯。此时，它还面临一个选择——是继续做具有直接出货功能的完美终端，还是另辟蹊径？

在电子商务领域，年轻人往往是主要参与者，如何吸引他们购买茶叶呢？或者说什么东西让他们最感兴趣？游戏无疑在这张榜单上位居前列。游戏之所以令人沉迷，就在于它能让人投注所有的注意力，从中体会到高度的兴奋及充实的感觉。因此，游戏中的任何信息都变得容易被接受。西方哲学家给游戏的定义为：玩游戏就是自愿尝试克服种种不必要的障碍。既然是自愿的，那为什么不能将商业诉求与游戏体验相嫁接呢？

基于这样的想法，马总决定对原有商业模式进行优化，一方面挽救利润额日益下滑的不利局面，另一方面提升公司的整体价值。马总认为，游戏是入口，通过游戏导流用户，将其关注点引到茶叶上来，进而将其转化为茶叶消费者，是目前最好的一种方式。

马总找到好几家游戏制作公司，提出自己的想法，并询问他们的意见，没想到得到游戏公司的积极响应。于是，半年之后，一款类似于开心农场的茶叶游戏诞生了。在这款游戏中，用户可以体验种茶、制茶的过程，玩家可以通过穿行于新模式的茶园种植、风格模拟炒茶、泡茶技艺演练和在线妙趣斗茶之间体验真实的茶人之旅，通过潜心经营使自己的茶园在业界崭露头角甚或称霸茶界。同时，玩家还可以在社群中 PK，获得积分，参与茶叶购买的优惠活动，并在游戏过程中很自然地学到有关茶叶的知识，感受到茶叶的魅力。

游戏的魅力很快得到释放，该游戏上线一年后，公司没花一分推广费用，就已经获得有效用户 400 多万。

这种通过社群进行的传播几乎是“病毒式”的，一旦一个人际圈中有一个人玩了这款游戏，马上就会引导其他的朋友一起玩。随着玩游戏的人越来越多，整个人际圈都会被覆盖。在玩这款游戏前，大部分玩家都不太懂茶，现在茶成了游戏中的语言和道具，大家张口闭口都是茶叶，一批“茶粉”开始形成。

“茶粉”转化为实际茶叶消费者的概率很高，几乎在 80% 左右。通过这种方式，C 公司的销售额迅速增长了 4.5 倍，公司股价则翻了 20 倍。

上述案例中，C 公司良好的商业模式为企业带来了更高的溢价。因此，在资本市场更能获得青睐，在做股权激励时也能收到更好的效果。

※严格控制公司经营风险

公司的风险对企业实施消费型股权激励具有重要的影响。当公司存在极高的经营风险时，企业的价值就会很低或失去投资价值，做股权激励就会收效甚微。反之，公司风险很低，公司价值就会得到提升，投资价值大大增加，因此激励效应也会很明显。有些公司做了股权激励，不但没有效果，反而加速了员工和客户的逃离，就是因为风险很高。

一般来说，公司的风险主要包括以下几种：团队管理风险、财务风险、竞争环境改变风险、产品或服务风险、营销风险、机制风险、战略风险等。企业经营的核心在于人，激发人的能动性，找准企业经营的方向，是避免以上风险发生的关键。而企业要避免风险的发生，关键在于预防。

M公司借风险预警度过行业寒冬

M公司在应对企业风险时，有一套自己的风险预警机制，能够根据相关数据指标及时发现企业存在的问题。比如，销售额、利润、客户满意度、成本控制、员工工作状态、市场动态等数据指标一旦出现下滑，相关风险控制部门便会迅速做出反应，找到问题的症结，确保企业经营的稳定。

前一段时间，因为行业领导品牌企业的造假现象影响了整个行业的市场表现，M公司迅速启动了风险预警系统，避免了市场需求下滑对企业造成的冲击。M公司提升自身的透明度，将生产、销售、仓储等信息都公之于众，同时提高产品的宣传力度，以提升消费者对企业产品的信心。M公司的这些举措最大限度地避免了因行业市场需求下滑给企业带来的风险，让企业顺利度过了行业的寒冬，获得了股东们的高度认可。

※合理评估公司股份价值

用股权去激励内部员工和外部客户，就会涉及公司股份行权价格的问题。针对上市公司，由于在资本的公募市场有股票的流通价格，所以再无必要对其进行公司价值的评估，而是可以直接以市场价格为参考，进行股权激励。而对于非上市公司，因为没有相应的股票市场价格作为定价基础，所以需要对公司的价值进行评估，以便确定行权价格。

当然，公司也可以以注册资本金为标准进行股份定价。在这种情况下，企业注册资本金与企业净资产值相差不大时，企业可以每股定价1元，多少注册资金就划分为多少注册股份。这种方式比较简单直接，但是会出现一定的问题，如当注册资金与公司实际价值相差太远时，以注册资金为参考标的的股份定价就失去了意义。

对公司进行价值评估，然后再确定股份价格，往往更能显示公司股份定价的公平与合理。在做价值评估时，需要邀请专业的会计师、审计师对企业进行评估。当然，如果企业资金实力有限，不能聘请专业的会计师、审计师，也可以通过以下四种方法对企业进行估值。

① 资产价值评估定价法

公司对每项资产进行评估，包括有形资产和无形资产，进而确定评估的价格，然后将各项资产相加，同时扣除相关的债务总和，确定总资产的价值，用总资产除以股份数量，就可以得到每股的价格。当然，这里面最难的部分就是无形资产的评估，评估方式不同，得出的结论也不同。在相差不大的情况下，可以取平均值以确定公司的价值。

如果公司规模小，可以采用净资产定价法。企业的净资产是指企业的资产总额减去负债以后的净额，是可以自由支配的资产，即所有者权益。它由两大部分组成，一部分是企业开办当初投入的资本，包括溢价部分；另一部分是企业在经营当中创造的收益，也包括接受的资产捐赠。其计算公式为：

净资产 = 所有者权益（包括实收资本或者股本、资本公积、盈余公积和未分配利润等）= 资产总额 − 负债总额

当然，企业也可以综合考虑销售收入、净利润和净资产定价，分别对销售收入、净利润、净资产赋予一定的权重，然后计算出公司的总价值，再除以股份总数，得出每股的定价。

② 市场评估定价法

市场评估定价法主要是指在企业价值评估过程中，借用具

有可比性的其他上市公司或已经有明确定价的公司进行比较，从而评估本公司的价值，进而计算出每股股价。具备可比性的公司的规模、发展阶段最好与本公司差不多。市场价值评估法虽然比较简便，但是很难在市场上找到完全匹配或类似的可比对象，企业较容易做到的是找一家类似的可比对象，然后对相关数据进行修正。

③ 净现金流折现法

净现金流折现法是指对企业未来可获得的现金流量及其风险进行预期后，选择合理的贴现率，将未来的现金流量折合成现值的方法。使用此法的关键在于两点：一是预期企业未来存续期各年度的现金流量。二是要找到一个合理公允的折现率，折现率的大小取决于评估的未来现金流量的风险，风险越大，要求的折现率就越高；反之，风险越小，要求的折现率就越低。

在实际操作中，现金流量主要包括实体现金流量和股权现金流量。实体现金流量是指企业全部投资人拥有的现金流量总和，股权现金流量通常用加权平均资本成本来折现。

④ 市盈率定价法

市盈率是某种股票每股市价与每股盈利的比率，也是衡量股票投资价值的重要指标之一。公司的价值取决于它的盈利能力，而市盈率指标在一定程度上反映了价格和盈利能力的关系。对于盈利高且保持快速成长的上市公司，股票的市盈率水平也较高；反之，盈利水平越差，市盈率水平越低。因此，我们可以将市盈率作为股票定价的一种依据。

市盈率定价法是参照拟发新股的所在行业平均市盈率再结合拟发新股的收益、净资产、成长性、发行数量、市场状况及可类比上市公司二级市场的表现来确定。可按照以下公式计算：

发行价格 = 每股收益 × 发行市盈率

直接用上述公式来确定非上市公司股份价格时，先计算公司的总收益，设置总股本，得出每股收益，而市盈率可以参考同类上市公司上市时的发行市盈率。

5.2

价值宣导，激发动力

做股权激励，需要正确、到位的价值宣导。如果一个企业的股份具备了一定的价值，但企业在做股权激励时没有宣导到位，导致激励对象未看到公司股份的价值，反而以为企业资金短缺在向员工集资，这样的激励往往就会以失败告终。

股权对企业来说，是最有价值的。老板经营企业，实际就是在经营企业的股权；老板经营股权，实际就是在想方设法推动企业快速发展，让企业股份实现溢价升值。企业就像是行驶在大海上的一艘船，只要方向把握对了，剩下的就看动力系统了。围绕在企业周围的成员能够有多大的动力，企业就能发展得多快。

消费型股权激励以未来可以看到的利益和好处为目标，极大地调动了内部员工和外部客户的积极性，因此能快速推动企业发展。但是，当激励对象对企业股份没有兴趣或是认同感不强时，股权激励的效果就会大打折扣。回到现实中来，企业要做股权激励，就必须通过一系列的行动来让激励对象看到、听到、感觉到公司股权的魅力，能够从内心深处认识到公司股权的价值，让他们相信企业能够实现他们的财富梦想，并激发出他们的动力。如果企业不能首先解决这个问题，那么在后期开展的股权激励活动就会失去意义。

※将股份价值传递给激励对象

如何将公司股份这个看起来既可能一文不值又可能价值千金的无形资产的价值，通过一定的方式，传递给要激励的对象？这是企业老板必须思考的问题。

除了可以通过公司的现实表现，比如公司的财务状态、销售额、利润、客户满意度、产品或服务质量、品牌认可度等相关指标的提升进行激励外，企业还可以通过对公司相关政策和未来的发展规划进行宣导，来激发相关人员持有公司股份的动力。

① 企业的发展规划

企业发展规划包括企业市场战略规划、企业商业模式规划、资本战略规划、企业人才战略规划、产品战略规划等，如表 5-1 所示。企业有清晰的战略，并有相应的详细“作战”计划，才更能激发全员的工作动力。

表 5-1　企业发展规划

企业发展规划	详细内容
企业市场战略规划	营销战略、客户定位、品牌建设、渠道建设
企业商业模式规划	核心资源、价值主张、企业定位、收入来源、交易结构、成本结构
资本战略规划	融资规划、资金用途规划、资本管理规划
企业人才战略规划	人才选拔、人才培养、人才激励、组织结构设计
产品战略规划	研发、生产、物流、仓储

企业在制定完相关战略规划后，可以将相关政策宣导给激励对象，让激励对象明确企业的发展方向，看到企业未来的价值。同时，在制定相关战略规划时，企业必须要有相应的具体、可实现的执行计划。当这种执行计划围绕企业战略目标规划迈进的时候，激励对象便能够深刻感受到公司发展给自身带来的利益和好处，进而被激发工作动力。

② 详细的资本运作思路

在做消费型股权激励时，企业必须要有相应的资本战略规划，否则，激励的效果会大打折扣。

一般来说，企业的发展要经历四个阶段：初创期、发展期、扩张期和成熟期。相应的，企业在每个阶段融资时应有不同的运作思路，分别可引入种子资金、培育资金、成长资金、公募资金，如图 5-1 所示。

企业处于初创期，种子资金对企业发展的意义重大，是企业项目孵化的关键。一般来说，企业种子资金的来源是自筹或是合伙筹资，当然，也有不少企业选择天使投资进行融资。企

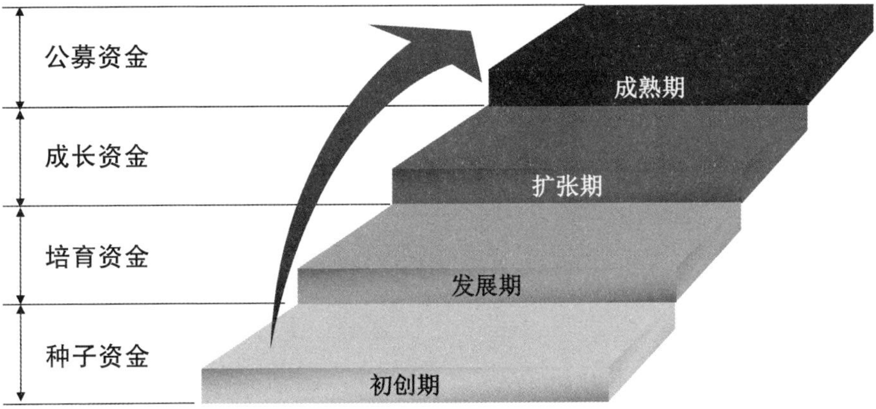

图5-1　详细的资本运作思路

业筹集的资金，主要用于企业项目的孵化。

企业进入发展时期，一般都有了一定的盈利能力。为了快速发展，企业需要引入培育资金。培育资金的来源一般是私募股权投资，也可以是私人的投资。一般来说，能够获得专业的私募股权基金投资的，企业股份的价值也能获得极大的提升，企业在做消费型股权激励时，往往能收到更好的效果。

企业扩张期是企业快速发展的关键时期，企业需要借用资本的力量迅速做大市场，将自身成功经验迅速复制。此时，资金对企业扩张速度起着至关重要的作用。成长资金主要来自私募股权基金的投资，私募股权基金不仅能帮助企业获得大额资金，更重要的是能够帮助企业对接更多的资源，推动企业向专业化、正规化方向发展。

企业进入成熟期，证明了该模式的可行性。企业开始筹划上市，在公募市场募集资本，这对企业提出了更高的要求。企业不再仅仅是某一个人的企业，而是成为公众公司，接受相关政府部门及股东的监督和管理。

企业上市不仅能够为股东带来超高的溢价收益，更重要的是为股东提供了资金套现退出的机会。

上市公司给原始股东带来的财富效应是实实在在的，因此，在这个时候做消费型股权激励对激励对象也是影响深远的。但是，这时候激励对象获得股份，在实现上市后，往往所获收益中不劳而获部分更多，所以此时对激励员工努力工作及外部客户积极参与企业发展，不一定是最佳时机。

③ 目前的财务状况及发展状态

当企业发展状态较好的时候，比如销售额、利润、客户数量和质量等各项财务指标节节攀升时，企业可以将其宣导给激励对象，激发大家的工作动力。当企业发展动力不足、出现诸多问题的时候，企业可以选择宣导取得的成绩。当然，也不一定要回避不足之处，可以对不足的部分提出更好的改进意见，以规避未来的风险，增强激励对象对企业的信心。

※塑造榜样，激发相关人员动力

榜样的塑造对于激发激励对象通过努力工作获取股权，进而实现股份升值获利，具有重要的意义。尤其是激励对象通过努力获得企业股份后，企业最好将其宣导给其他人员，但前提是必须公平合理。获得股份的员工通过努力工作，推动企业股份价值升值，获取巨大的财富效应，企业可以将其作为榜样进行宣导。同样，外部客户因为参与到企业发展当中，通过企业消费型股权激励模式获得了股份，获得高额的溢价收益，企业也可以将其作为客户见证，制作成图片、海报、宣传视频等，宣导给外部的其他客户。

榜样塑造，F公司引燃经销商热情

F公司是一家生产智能出行设备的企业，公司新开发的独轮电动车突破了以往的瓶颈限制，大大提高了巡航能力，同时实现与手机连接，提升了产品的智能化。

公司当前的经销网络只局限于本地区域，为了进军全国市场、拓宽销售渠道、提升产品市场占有率，F公司决定对经销商进行消费型股权激励。F公司规定，如果成为公司的经销商，并且第一年内销售额达到100万元，便可以获得公司2万实股和8万期股；如果首年销售额达到200万元，则可获得4万实股和16万期股。

假如某经销商首年销售额达到了100万元，那么他首先会获得F公司免费赠予的2万实股和8万期股。8万期股只有分红的权利，没有所有权，要将期股转化为实股，经销商必须以自己所有的10万股份的分红收益进行抵扣。假如每年每股的分红收益为0.2元，那么4年之后，该经销商便拥有了这10万股的所有权，可以将这10万股在工商局注册变更为实股。

这个政策看起来不错，因为经销商实际上不用花钱就能取得F公司的实股，应该能够很好地激励经销商进货。但是政策推出后，并没有得到经销商的积极响应。F公司的老板刘总带领一众高管亲自去和经销商洽谈，询问原因后得知，经销商认为F公司是初创公司，发展前景还不明朗，公司的股份价值不大，所以大家对F公司的股份不太感兴趣。

针对这种情况，F公司决定制订明确的战略计划，尤其是融资战略，确定了先“登陆”新三板进而转板创业板的目标，实现公募市场公开交易的资本战略。在这期间，F公司积极和专业的私募股权基金公司洽谈合作，进行私募融资。同时，打造标杆经销商，让一批忠实的经销商率先成为公司的股东，享受分红带来的收益。

不久之后，F公司就获得了一家专业私募基金2000万元的投资。此时，有两个标杆经销商向公司提出了出售手中股份的要求，公司股东通过集体表决，决定以公司的名义回购该股份，回购价格以现阶段公司评估的股价为准。

这时，公司已经不再是当年的小公司，股价已经翻了十几倍。当初价值20万元的股份，现在也已经变成了200多万元。这让两个经销商赚得比这几年代理产品赚取的利润总和还多。公司将此事制作成宣传资料，让工作人员把此事及公司的政策宣导给其他经销商，让他们看到公司股份的价值和魅力。

看到这样实实在在的好处，经销商们的热情瞬间被点燃，代理F公司产品的积极性空前高涨。更多经销商的加盟及单个经销商代理产品额度的增加，使F公司的销售额快速上涨，公司股价也水涨船高。经过后面两轮私募股权融资之后，F公司登陆了新三板，提前完成了既定的资本战略目标。

榜样的力量是无穷的。当参与的人员能够获得实实在在的好处，企业也通过榜样宣传将其放大时，就会激发其他人的动力。榜样的宣导是一个不断强化的过程，企业通过不断重复性的宣导，将公司股权的财富效应刻印在激励对象的脑海中，进而催生出无形的动力。

06

风险规避：

股权经营的风险控制

▼

消费型股权激励在激发企业经营活力、整合外部资源方面发挥着重要的作用，但也要避免经营不当带来的风险。企业尤其要规避三大风险：权利不一致带来的风险、治理结构不完善带来的风险以及法律风险。

6.1
利益不同带来企业经营风险

在企业中，存在不同的利益群体。比如，股东和职业经理人之间、股东和股东之间，都存在利益不一致的情况。利益不一致为企业实际控制人带来剥夺其他权利的动机，一旦企业的相关制度不够完善，这种现象就会时常发生。

如何防范消费型股权激励的风险，这是每个企业创始人在设计股权经营之前都必须思考的问题。企业通过消费型股权激励不仅可以获得想要的人才、丰厚的流动资金，还可获得其他丰富的资源，增强了公司竞争实力。但消费型股权激励同时也带来另一个问题，就是股东人数的增加，造成创始人股份被稀释，可能带来控制权争夺的风险及股东之间利益不一致导致的一系列问题。

※权利剥离导致经理人黑老板

股东作为企业所有者，享有企业的收益权、支配权、投票权、经营权、继承权等权利。但是，在企业经营过程中，往往是股东不参与企业经营管理，而是交给专业的职业经理人打理，这在一定程度上造成了权利的剥离。企业股东是企业所有者，也是委托人，经理人是代理人，两者之间形成了一种委托代理关系。

委托代理关系带来了内部人控制企业的问题，即在作为代理人的企业高管受托经营企业的过程中，常常出现经理人黑股东的现象。因为股东没有参与经营企业，无法全面掌握企业信息，经理人为了短期的利益会损害企业的长期利益。而股东更看重企业的长期利益，这就在一定程度上形成了不可调和的矛盾。解决这种矛盾最有效的方式，就是让彼此的利益趋于一致。如图 6-1 所示，对经理人进行股权激励能够很好地捆绑经

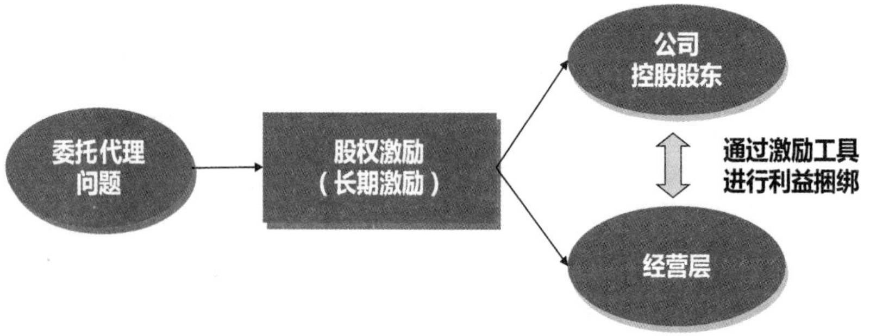

图6-1 委托代理问题的解决思路

理人与股东的利益，缓解彼此利益矛盾带来的尴尬。

对经理人进行股权激励，并不能从根本上解决经理人黑股东的问题。经理人之所以能够黑股东，一方面是利益不一致引发的，另一方面是信息不对称及监管不到位造成的。因此，企业还必须完善内部信息体系建设，构建完善的监管机制。尤其是大型企业，除了完善自身的信息系统之外，还需要构建一套以股东大会、董事会、监事会为核心的公司治理结构，如图6-2所示。

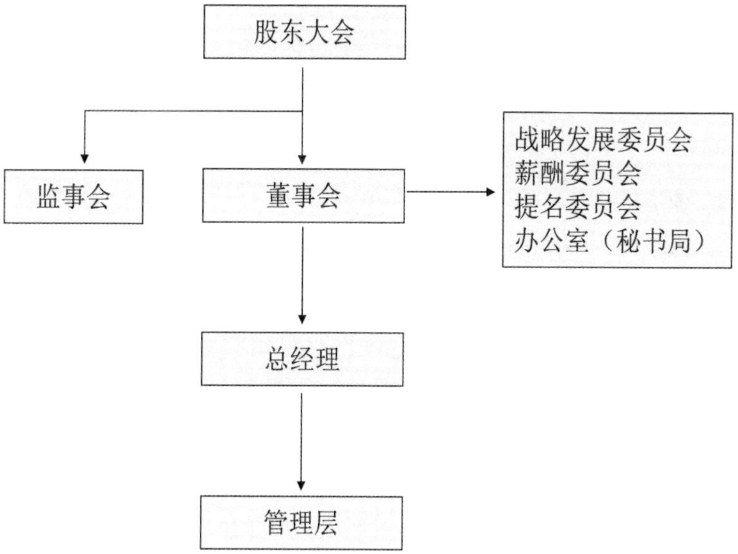

图6-2 公司治理结构

经理人短期行为危害公司长远利益

赵总是L公司从另一家大公司高薪挖过来的总经理，负责L公司的日常运营。在进公司之前，赵总被许诺，年底完成L公司营业额8000万元、利润增长860万元的目标，即可获得奖金38万元。

到了10月，眼看一年过去了一大半，而自己只完成了公司规定目标的一半，赵总决定改变经营策略。首先，他压缩了企业生产成本，尤其是产品研发成本；其次，对销售人员进行激励，要求他们向经销商传递这样一个信息——年后产品会涨价，希望经销商赶在涨价前及时补货进货；同时，对销售人员进行年终考核，逼迫他们冲销量。

由此，公司销售额大幅上涨，不少经销商仓库都装满了货。同时，由于压缩了大量的研发成本，公司利润也迅速提升。终于赶在年底之前，赵总完成了公司规定的业绩目标。

但拿到奖金没多久，赵总就选择了离职。因为他知道，这种局面无法持久，还不如早点离开。

压缩企业研发成本，对企业长远发展是一个致命打击；激励经销商大量进货，将产品压到了经销商的仓库，而没有真正转化到终端客户手中，这也是一种短期行为，不可持久。况且，向经销商传递虚假信息，会大大降低企业的信誉度和客户对企业的信心，最终伤害的都是企业自身。针对此类情况，企业可以对经理人进行股权激励，以规避经理人的短期行为。同时也要建立监管体系，避免经理人的不良行为给公司带来损害。

※控制权剥夺导致大股东黑小股东

一家小公司股东人员单一，企业股权结构也简单，基本上不会存在谁黑谁的问题。但当企业发展壮大，股权结构较分散，尤其是引入了几轮风险投资者，创始股东的股份已经被极大地稀释，但仍掌握着企业控制权时，往往会出现实际控制人黑其他股东的问题。

股东黑股东，最常见的一种表现就是关联交易。实际控制人通过看似合理的合作交易行为将公司的利益转移到另外一家自己直接或间接控制的公司，从而为自己创造更多的好处，损害其他股东的利益。

大股东关联交易损害其他股东利益

Z 公司是一家生产、销售家具的企业，所生产的家具销往全国各地。随着互联网的发展，该公司的网络销售也非常红火，一度获得了投资人的青睐。Z 公司的创始人张总也是信心满满，决定进行私募股权融资以快速发展，迅速抢夺行业老大的位置。

但事情的发展总是充满波折。2014 年，Z 公司发展遭遇滑铁卢，没有按照融资协议的要求完成业绩，于是，之前签订的对赌协议开始生效了。张总的股份一下子由原来的 51% 跌落到了 23%，他不仅失去绝对的控股地位，所获收益也大打折扣。

张总感觉自己这么多年辛苦打下的江山，到最后大部分都拱手让人了，心有不甘。于是，他联合自己的一个好朋友成立了一家木材加工企业K公司，自己出资占股85%，朋友参与运营管理，占股15%。但注册法人不是他，而是用朋友的名义注册的。张总成立K公司的目的，主要是用来承揽Z公司的采购业务。

这样，Z公司在做采购时，会在张总的干预下，将绝大部分木料的采购都转向这家K公司，并且还加价10%。这样，张总就暗地里攫取了Z公司的利益，严重损害了其他投资人的利益。

关联性交易对其他股东来说，是一个非常严重的问题。目前，非上市公司可以事先在公司章程中对相关要求事项做出明文规定，同时建立完善的信息和监管机构。而经协调无法解决的，其他股东可以诉诸法律手段来寻求解决之道。

企业权利剥夺是指企业实际控制人运用手中的权力，实现现金流权和实际控制权的分离，借用权力杠杆推动自身利益的最大化。这与公司股权结构的安排有密切关联。

比如，某公司实际控制人只持股21%，按照正常情况，他应该有公司21%的决策权、话语权、剩余利润分配权等。但实际情况是，他通过其他途径实现了在原来股份不变的情况下，拥有该公司51%的决策权，是公司的实际控制人。那么，他到底是如何实现用小额股份掌握公司绝对控股地位的呢？

① 交叉持股

交叉持股是指两家或两家以上的公司之间相互持股，最终形成你中有我、我中有你的股份结构。交叉持股一方面可以稳定公司的股权结构，规避被并购的风险；另一方面可以降低经营失败的风险，推动公司之间的合作，带来协同效应等。

但是，这种方式可能会带来股东权利的剥离，造成虚增资本的问题，损害其他股东的利益，也容易形成垄断，诱发关联交易等。

A 公司的交叉持股方案

A 公司联合 B、C 两公司，三家分别投资 2000 万元、1000 万元、1000 万元，成立了 D 公司。A 公司在设计 D 公司的股权结构时，做了这样的安排，让 D 公司再给本公司投资 1000 万元，持有本公司 5% 的股份。这样，如图 6-3 所示，A 公司实际上与 B、C 两公司出资一样多，都是 1000 万元，但拥有了 D 公司 50% 的股份，具有绝对控股权。

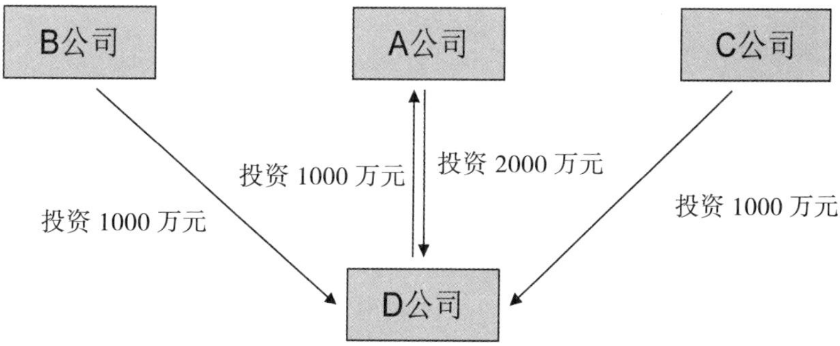

图6-3 交叉持股的权利剥离

上述案例中，A 公司通过设计交叉持股的方式实现了对 B、C 两公司股东的权利剥离，这样对 A 公司来说就比较有利。在不少集团公司，交叉持股的现象非常普遍。

当这种交叉持股的杠杆被进一步放大时，权利的剥离现象会更加严重。比如上述案例中，A 公司仍然投资 2000 万元占有 D公司 50% 的股份，但是，再让 D公司投资 1999 万元给 A 公司，持有 A 公司的股份。这样，A 公司实际上只需要投资 1 万元就持有了 D 公司 50% 的股份。这对 B、C 两家公司来说，权利剥离现象就更加严重。可以说，A 公司实际只用 1 万元就撬动了一家几千万资产的公司。

当然，这种现象一方面要获得其他股东的许可，另一方面需要在法律允许的范围内才能实施。对于上市公司，交叉持股会有不少的限制，但对于非上市公司，目前法律在这方面还有不少的空白。所以，一些公司掌权人会利用交叉持股，来实现己方利益的最大化。

② 金字塔结构

金字塔式股权结构是采用多层级、层层控股形成的控制权与现金流权分离的股权结构。金字塔层级越高，上层股东对下层企业的股权剥离就越严重。这种股权结构是一种高效的融资方式，它具有“四两拨千斤”的效果。

如图 6–4 所示，A 公司持有 C 公司 51% 的股份，实现了绝对控股；C 公司持有 E 公司 51% 的股份，也实现了绝对控股。

从另一个角度来说，A公司间接持有E公司26.01%的股份，却实现了对E公司的绝对控股。

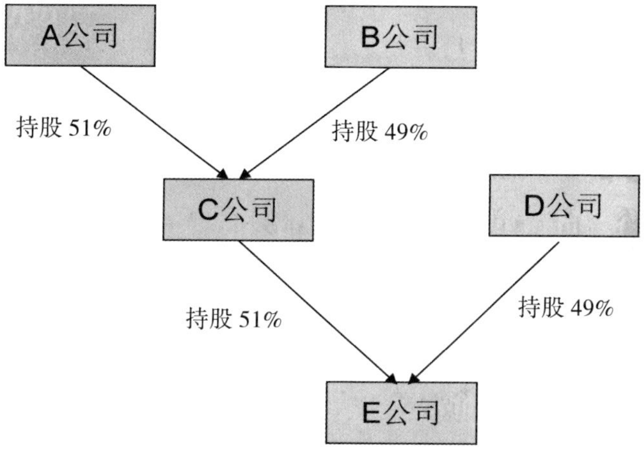

图6-4 层级控股结构设计

金字塔式股权结构层级越高，上层对下层权利的剥夺现象就越严重。国内有不少公司，都是以少量的资金控制着更多的资源。金字塔式股权结构容易出现股东黑股东的现象，尤其是层级越多，剥离的程度越高，股东黑股东的动机也越强。

③类别股份

类别股份指因分配权、表决权、转换权、赎回权等的不同，与普通股份有所差别的股份。比如优先股，在利润分红及剩余财产分配的权利方面，优先于普通股，但是没有表决权；黄金股，一股具备十股或更多的投票权；虚拟股份，不是真正意义上的股份，只有分红权和股票增值权，没有表决权、继承权、转让权；公司章程规定的其他股份，如有的公司将股份分为两种：一种是普通股，被定义为A序列股，另一种是具备20倍投票权的特殊股份，被定义为B序列股，由公司掌权人及管理层持有，这在一定程度上加大了控制权和现金流权分离的程度。

类别股份还有其他多种形式，一般在公司的章程中，对股份的权利和义务都有明确的规定。类别股份在保护创始股东的权利方面具有重要意义，但这种权利的剥离也可能导致股东黑股东的现象出现。

京东的AB股计划

京东CEO刘强东从一个摆摊卖光盘的小贩成长为一家大型电商公司的掌舵人，可以说是一位书写商界传奇的人物。7年间，他融资20亿美元，但仍然牢牢把握着自己公司的控制权，这一点值得很多创业者学习。为何他持有的股份越来越少，还能牢固掌控自己公司的控制权呢？很重要的原因在于他对公司股权结构的巧妙设计。

根据其公司招股说明书，上市前夕公司的股票会区分为A序列普通股与B序列普通股。机构投资人的股票会被重新指定为A序列普通股，每股只有1票投票权。而刘强东自己所持有的股份将会被重新指定为B序列普通股，每股有20票投票权。因此，公司在上市前夕实行AB股计划后，通过1：20的投票权制度设计，刘强东掌控的投票权在上市后不仅不会下降，反而还远远超过上市前占控股地位的投票权。因此，他仍然牢牢掌握着企业的控制权。

④ 混合股份

很多企业在设计公司股权结构时，往往会混合以上好几种股权结构方式，比如“金字塔式股权结构 + 交叉持股”的方式，这样会进一步加剧权利剥离的程度。不少大型企业集团股权结构异常复杂，金字塔结构、交叉持股、类别股份可能都会存在，持股公司和被持股公司之间形成复杂的关系网络。例如，李嘉诚控股的公司就是一张复杂的关系网，他通过这种复杂的关系网络，构建了自己的产业帝国。

如图 6-5 所示，A 公司持有 C 公司 51% 的股份，同时，C 公司又持有 E 公司 51% 的股份，实现了 A 对 E 的间接控股。而 C 公司又持有 A 公司 20% 的股份，属于交叉持股。假如以上每家公司的估值都一样，这意味着 A 公司实际只持有 C 公司 31%

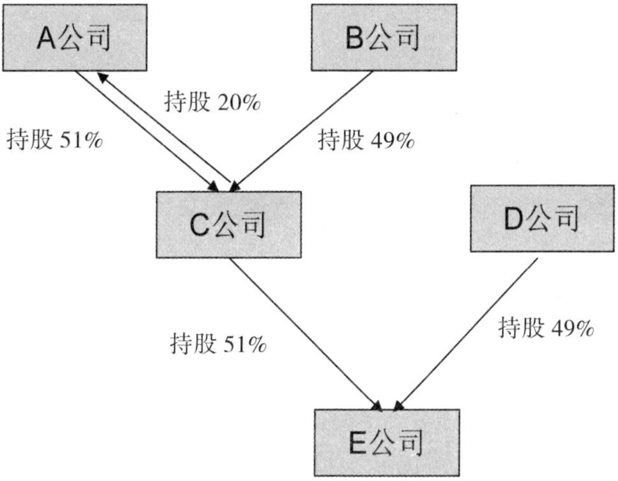

图6-5　混合型股权结构设计

的股份，C 公司持有 E 公司 51% 的股份，也就是说 A 公司实际只持有 E 公司 15.81% 的股份，却掌握了后者 51% 的话语权。

⑤ 按公司章程代持股份

公司章程对股东权利和义务的规定具有重大的意义，股东的法定权利主要包括两个方面：一方面是享有财产收益分配权，另一方面是享有参与重大事项决策的身份权。其中财产收益分配权是基础。经双方协商同意，并且在国家法律和公司章程允许的范围内，股东可以将股份的财产收益分配权部分或全部交给其他股东行使。在这种情况下，被赋予决策权的股东具有更大的决策权，有可能导致控制权结构的变化，加重权利剥离的程度。

※股权稀释导致控制权旁落

公司控制权一直是企业股东争夺的焦点。公司的创始人牢牢掌握企业的控制权，对企业发展意义重大。如果企业内部发生内讧与控制权争夺，将很可能导致企业“瘫痪”。所以，提前设计好公司的股权结构，对于创始股东来说意义重大。

如图 6–6 所示，企业处于不同的发展阶段，创始股东对公司股份的持有状态也会有很大的差别。

① 初创期

公司发展处于初创期时，企业创始人最好以占有更多公司股份为宜，一般在 67% 以上，这样的股权统筹叫作进攻型统筹。

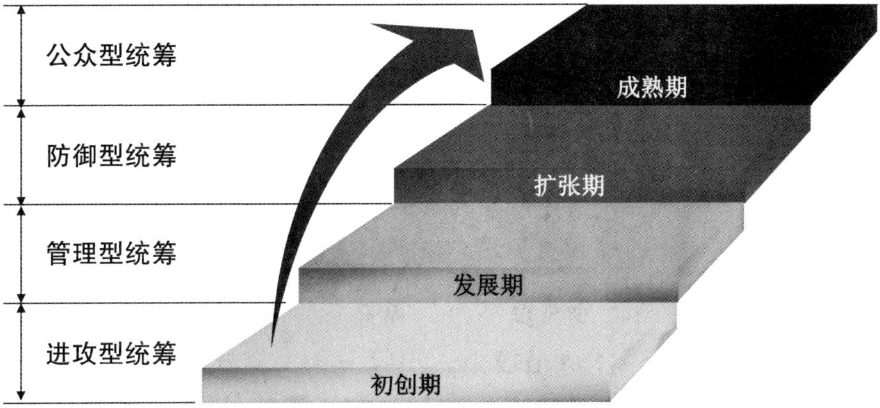

图6–6 企业不同发展阶段的统筹策略

进攻型统筹可放可收、可进可退，创始人不但拥有防御权，也拥有进攻权。

一般来说，针对企业当中的重大事情，只要有2/3以上股东表决通过就为有效。也就是说，虽然释放了33%的股份，但创始人仍拥有企业的绝对控制权。当然，如果公司经营不善使得股东利益受损，通过其他途径又无法解决，其他持有公司10%以上股份的股东可以请求人民法院解散公司。

初创期，企业管理者经验尚未成熟，不能独当一面，此时，创始人拥有企业67%的股份，可以顺利贯彻相关政策，确保企业运行顺畅。

② 发展期

当企业进入发展期，企业管理者素质不断提升，专业水平不断提高，老板可以抽身出来，去进行企业的战略规划和长远思考。此时，企业创始人可以将股份再次释放一些给高层管理者，让他们从小股东逐步成为公司的核心股东。此时，创始人只需要做到管理型统筹即可。

在企业发展期，创始人要实现相对控股，最好拥有51%以上的股份，这主要是为未来上市考虑。

假设企业要走上市路线，创始人的股份必然会被多次稀释，最少有两次。第一次会有风险投资进来，一般风投入股会占10%的股份，此时创始人的股份要同比稀释10%。企业上市，要发行公众流通股，发行公众流通股的最低额度不得低于公司总股本的25%。因此，企业的股份要再次同比稀释25%。假设创始人以前是51%的股份，经过两次稀释，还有34.425%的股份；假设是49%的股份，经过两次稀释，还有33.075%的股份。这二者的区别在于一个大于1/3，一个小于1/3。当创始人拥有1/3以上的股份时，就拥有对整个企业的否决权，不管外围股东怎么整合，股份加起来最大也不会超过2/3，不会威胁到企业的控制权。

③ 扩张期

企业初具规模，正在迅速扩张，如果想继续实行股权激励，吸纳更多优秀人才加盟，创始人可以进一步释放股权。这一时期，股权应控制在1/3以上。前文已经阐述过，大于1/3意味着创始人拥有企业的重大事件否决权。我们将此结构称为防御型统筹。

股东大会或股东会在做出特别决议时，要采用绝对多数通过的原则。绝对多数原则指的是股东大会或股东会做出特别决议时，应有代表股份总数 2/3 以上的股东出席，并由出席会议的持有 2/3 以上表决权的股东同意方可通过。比如对于是否解散公司、是否同意合并或重组等重大事件，创始人拥有企业 1/3 的股份，便意味着可以对这些重大事件进行否决。

④ 成熟期

随着企业的继续发展，如果企业逐步成熟，创始人就不需要掌握 1/3 以上的股份了。哪怕只拥有企业 3.5% 的股份，那也非常优秀，因为这个时候企业已经实现了公众治理。

我们从公众治理的企业结构来看，能很容易明白这个道理。

第一，公司章程。对于一些企业创始人来说，可能他们所占股份比例很小，但是他们在很早的时候就设立了一个游戏规则，并由律师在公司章程中写明了保护原创大股东核心利益的条款。比如，第一条，该股东为公司创始股东，不论未来他的股权被稀释到何种额度，他对公司的表决权都不低于百分之多少；第二条，该股东为公司创始股东，公司董事会成员由他提名的人拥有半数以上的席位。

第二，基金分析师。每个投资机构都会有基金分析师，一旦企业做出重大决策，基金分析师会立刻出具报告，分析这个决策会不会影响投资者的利益、影响股东盟约。一旦影响股东利益，股东就会施加压力，或者联合其他股东来给职业经理人施加压力。

第三，律师。在海外，要在美国上市非常容易，只要商业模式好，能为股东们创造效益和价值，就可以获得投资者的信任，企业也很容易上市。但上市以后，如果官方机构发现企业言行不一，不但会狠狠地限制企业，而且罚款数额也会很高，惩罚很重。但在中国，情形是相反的。在企业上市之前检查非常严格，上市很困难，但上市以后相对宽松。

西方的律师比较职业化，他们可以发现一家企业哪些信息没有及时披露，或者披露的信息与实际不符，抑或某些决策影响了股东利益等。一旦发现问题，律师就可以上告法庭，并通知其他小股东：大股东损害了小股东的利益，比如涉及了一些关联交易，或者做了其他一些违反公司章程的行为。律师会为小股东做主，替小股东去打官司。官司一旦打赢，律师会获得不少的回报。所以，美国的律师是主动上门找业务的，会积极监控大股东的违法行为。

6.2
完善治理结构，走向职业化

消费型股权激励方式会带来众多股东的加入，公司将不再是属于某一个人的公司。利益群体的增多，要求企业必须建立规范化的治理结构。以股东大会、董事会、监事会为核心的治理结构是现代企业走向职业化的基本要求。

对于不少初创企业来说，公司创始人往往就是公司最大的股东或是唯一股东，公司股权结构比较单一，此时没有必要完善公司治理结构。但随着公司的发展、投资人的加入，以及公司运用股权整合资源、激励团队，股东人数会迅速增加。此时，完善公司治理结构对企业来说意义重大。

什么是公司治理结构？公司治理结构是指为实现公司最佳经营业绩，在公司所有权和经营权分离、分立和整合的基础上，规范股东大会、董事会、监事会及高级管理人员的权利、义务和责任关系而形成相互制衡关系的结构性制度安排。

良好的公司治理结构能够很好地解决各方利益分配的问题，也是企业走向职业化、规范化的基础保障。同时，完善的公司治理结构能够吸引投资者，增强公司对资本的吸引力。

※董事会是法人治理结构的核心

在现代法人治理结构体系中，董事会是法人治理结构的核心。对于股东而言，董事会是受托者，接受股东的委托实现股东对资产保值增值的要求。对于经理层而言，董事会又是委托者，授权经理层开展公司经营活动，并对其实施监督和控制，以实现企业的经营目标。

董事会制度是经理人道德风险防范的最核心防线。虽然股东可以通过股东大会制度对经理人施加压力，但是，它起到的作用是间接的。而董事会则可以直接选聘或任用职业经理人，决定经理人的薪资报酬等，因此，董事会对经理人的影响是直接的。

董事会是企业的经营决策机构，参与企业重大事项的决策，同时对企业管理者进行授权、监督。所以，建立一个高效的董事会对企业来说意义重大。

从图 6-7 可以看出，一个较完善的董事会是由内部董事和外部董事共同构成的，二者都有存在的重要意义。

基于董事会决策的需要，董事会中必须要有内部董事。而为了确保董事会能够代表广大股东的利益，提升董事会的决策

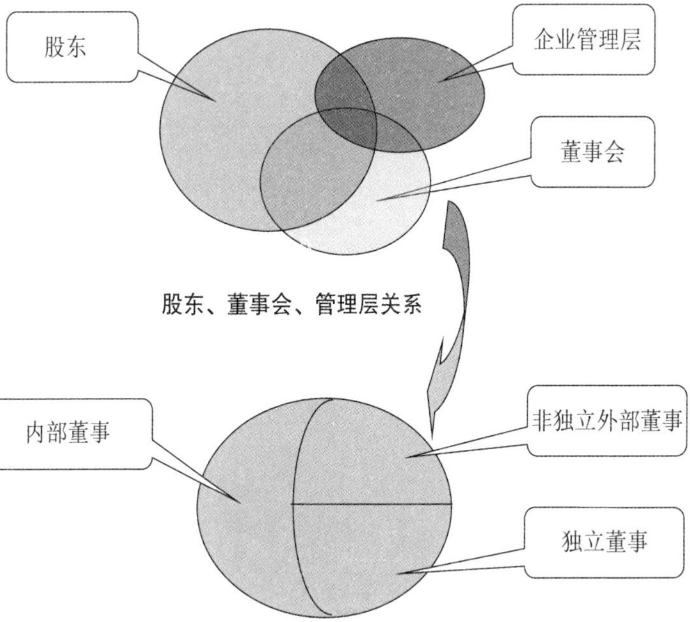

图6-7　高效董事会的构成

水平，外部董事的人数要显著大于内部董事的人数。

所谓外部董事，简单来说，就是非本公司职员担任董事，包括独立董事和非独立外部董事。独立董事也就是指与公司没有重要关系的董事，包括没有重要的个人关系和重要的经济关系。没有重要的个人关系是指在过去一定时期内没有担任公司雇员或不是高级管理人员的亲属等；没有重要的经济关系是指在一定时期内没有与公司进行过一定数额的交易，或者其所在机构不是公司重要关联方且没发生过一定数额的关联交易，或者与公司不存在咨询等服务职业关系等的情况。

因为具备专业性的外部董事能够提升企业的决策水平，加强公司的专业化水平，提升公司的管理绩效，所以，外部董事不可缺少。建立独立董事制度是完善现代公司制度的重要内容，也是21世纪中国公司特别是中国上市公司发展的潮流。

那么，到底哪些人可以做公司的内部董事呢？一般来说，管理层中3个人可以做内部董事，如CEO必须是内部董事，CFO可以进入董事会，COO（首席运营官）也可以进入董事会。董事会人数在9~11人为宜，内部董事和外部董事比例为1∶3。当然，这只是一种比较理想的状态，企业需根据自身的状况设计董事会的人数和比例构成。

对于一家上市公司来说，不但要按照证监会的要求建立董事会制度的“形”，还要追求董事会的“神”，形神兼备，方能确保企业在董事会决策下高效运转。

非上市公司从成长阶段开始，就要注意董事会的“形”，企业一旦走向成熟，就必须要注重董事会的“神”。形神兼备的董事会必须是决策和监督均能够发挥积极作用的高效董事会。

※股东大会是企业最高权力机构

企业的股东，除了被选为公司的董事、监事和企业管理者外，几乎没有参与公司经营决策的机会。而股东作为企业产权的拥有者，本身又享有相应的权益。因此，股东大会作为股东行使公司权力的最高决策机构，在保护股东利益、维护股东权益方面发挥了不可替代的作用。

股东代表大会制度并不是股东全体意志的简单相加，而是依照《中华人民共和国公司法》等法律制度和公司章程的规定，形成的多数股东的意志。

股东出席股东大会，所持每一股份有一份表决权。股东可以委托代理人出席股东大会，代理人应当向公司提交股东授权委托书，并在授权范围内行使表决权。股东大会形成的相关决策对全体股东和公司均产生约束力。

股东有权查阅公司章程、股东大会会议记录和财务会计报告，也有权对公司的经营提出建议或质询。假如股东大会、董事会的决议违反法律、行政法规，侵犯股东合法权益，股东有权向人民法院提起要求停止该违法行为和侵害行为的诉讼。

股东大会会议由董事会依照《中华人民共和国公司法》规定负责召集，由董事长主持。董事长因特殊原因不能履行职务时，由董事长指定的副董事长或其他董事主持。公司要召开股东大会，应当将会议审议的事项于会议召开30日前通知各股东。

一般来说，股东大会讨论的议题直接涉及股东的利益，比如董事的增补、对高管的股权激励方案、增资扩股、并购重组等重大议题。

股东大会对公司增加或减少注册资本、合并、分立、解散、变更公司形象、修改章程等作出决议，必须经代表2/3以上表决权的股东通过。

那么，企业的股东到底享有哪些权利？

（1）按所占股份比例享有相应的企业所有权和收益权；

（2）参加股东大会并按股东协议约定行使表决权；

（3）选举和被选举董事、监事；

（4）查阅股东会议记录和财务会计报告，监督企业经营；

（5）依法律和股东协议约定转让股权和优先购买其他股东转让的股权及企业新增资本；

（6）依法分得公司解散清算后剩余财产；

（7）参与修改股东代表大会制度。

在享受权利的同时，股东必须履行相应的义务：

（1）企业终止经营前，不得擅自抽回出资或撤资；

（2）以其出资额为限对公司债务承担责任；

（3）遵守股东代表大会制度，如果不按股东协议和本制度执行，则应承担违约责任。

※监事会重点防范企业经营风险

监事会是公司法人治理结构中的重要职责机构，也是公司纪律性制度文件的专职确立机构，它接受股东大会的委托，履行公司纪律监督的职能。

监事会对内以监事会决议形式行使公司的纪律监督职权和干预公司的经营管理事务，但不能对外代表公司法人行使权力和承担义务。

《中华人民共和国公司法》规定：有限责任公司设立监事

会，其成员不得少于 3 人；股东人数较少或者规模较小的有限责任公司，可以设 1~2 名监事，不设监事会。

监事会应当包括股东代表和适当比例的公司职工代表，其中职工代表的比例不得低于 1/3，具体比例由公司章程规定。监事会中的职工代表由公司职工通过职工代表大会、职工大会或其他形式的民主选举产生。而公司董事、高级经理人员不得兼任监事。

监事会行使下列职责：

（1）检查公司财务；

（2）对董事、经理执行公司职务时违反法律、法规或公司章程的行为进行监督；

（3）当董事和经理的行为损害公司的利益时，要求董事和经理予以纠正；

（4）提议召开临时股东大会；

（5）公司章程中规定的其他职权。

6.3
提前防范法律风险

消费型股权激励需要考虑各方面的利益，同时经营中因涉及资本方面的问题，更要遵守国内法律法规的要求。提前想到可能存在的法律风险，做好防范，是企业做好消费型股权激励最基本的要求。

企业在借用消费型股权经营企业时，往往会忽视法律带来的一些风险，从而让自己陷于被动。股东之间，因触犯法律而引发的问题也很常见。公司的创始人及大股东在设计股权结构之前，一定要想好可能发生的问题，以提前防范潜在的风险。

G公司的股权之争

早年间，王先生和李先生共同创立了G公司。他们本来是亲戚关系，李先生是王先生的姐夫。但在G公司业绩蒸蒸日上之时，双方却因争夺公司的控制权而对簿公堂，最终闹得不可开交，给即将上市的企业蒙上巨大的阴影。

王、李二人矛盾的核心就在于前期股权结构设计不合理，对风险防范不够。早期，王先生、李先生、王女士（李先生之妻）分别在G公司占股50%、25%、25%。几年后，李先生与王女士因感情破裂而协议离婚，王女士在G公司的所有股份全部让渡给李先生。至此，王、李二人均占股50%，双方股权对等。

后来，两大股东发生矛盾，“股东内讧”一度愈演愈烈。在此之前，G公司引入了两家风险投资公司的资金，合计资本2亿元，共占股10%。G公司股权结构变为王先生为45%，李先生为45%，风投公司A为5%，风投公司B为5%。企业发展顺风顺水，并有了上市的打算。但随着王、李二人矛盾的公开化，上市事宜被搁置。

首先，王先生要求清查公司账目，被李先生拒绝。随后，法院介入，判决G公司拒绝大股东查账是违法行为，并要求将相关账务信息交给会计师事务所审计。经过账目清查，G公司部分高管因涉嫌经济犯罪，被警方带走调查，而时任董事长李先生也随即下落不明。

G公司原本计划在门店达到1000家之后就谋求上市。但自两大股东发生股权纠纷之后，企业拓展几近停滞，上市也变得遥遥无期。

以上案例中，G公司之所以会遭遇这场风波，与股东内讧、家族争斗密不可分，也与早期股权结构设计不合理有很大关系。

※平衡股权导致议而不决

所谓平衡股权结构，是指公司的大股东之间的股权比例相当接近，没有其他小股东或其他小股东的股权比例极低的情况。就像前述案例中G公司当初的股权结构，两大股东各占股50%，在公司涉及重大事件需要投票表决时，就会出现很大的问题。

按照《中华人民共和国公司法》规定，股东大会的决议需要至少过半数的具有表决权的股东同意才有效。如果各占股50%的两大股东出现意见分歧，相关决议就无法达成，公司不能正常运营。

如果公司有小股东，但其所占股份比例很少，则会出现另一种局面。比如，甲、乙、丙分别占某一公司股份的45%、45%和10%，甲、乙一旦意见相左，则丙支持哪一方，哪一方的意见就能够形成有效决议。甲、乙发现这一情况后，都会有意拉拢丙。最终的结果是，占股份最低的丙实质上控制了公司的发展走向。

股东所占股份的百分比，只决定分红的比例，并不意味着股东对公司的运营能产生影响。尤其是零散的决策权，总是掌握在某一个股东的手里。而零散决策权必将带来某些私人收益。股东能够从公司获得的收益是根据其所占股份确定的，股份越多其收益索取权就越大，相对应的控制权也应该越大。当公司的控制权交给了股份比例较小的股东，其收益索取权很小，他们就很有可能会想办法利用自己的控制权扩大自己的额外利益。这种滥用控制权的法律风险是巨大的，对公司和其他股东的利益都有严重的损害。

※一股独大加重风险隐患

如果某一个股东号召其他股东成立一家公司，发起人占有绝对多数的股权比例，其他小股东股份少且很分散，这种情况在企业发展初期时没有什么问题，但是一旦企业做大，尤其是公司进入规模化、多元化经营以后，这种股权结构就会因为缺乏制衡机制，而增加决策失误的可能性，企业承担的风险也会随着公司实力的增强而同步增大。

在一股独大的情况下，董事会、监事会和股东大会形同虚设，“内部人控制”问题严重，企业无法摆脱“一言堂”和“家长式”的管理模式。

另外，一股独大导致企业的任何经营决策都必须通过大股东才能进行，其他小股东会逐渐丧失参与公司经营管理的热情。一旦大股东出现状况，如意外死亡或被刑事关押等，就会直接导致企业无法正常运转。等到一切尘埃落定的时候，企业已经到了破产的边缘。

所以，股权过分集中，不仅对公司小股东的利益保护不利，对公司的长期发展不利，对大股东本身也不利。一方面，由于大股东绝对控股，企业行为很容易与大股东个人行为混同，在某些情况下股东将承担更多的由企业行为产生的不利后果；另一方面，大股东因特殊情况暂时无法处理公司事务时，将发生小股东争夺控制权的不利局面，给企业造成无法估量的损失。因此，企业在发展过程中，逐步引入风险投资者，一方面可以获得融资带来的企业资产流动性的增加，另一方面还可以完善公司治理结构，降低企业的经营风险。

※股权分散导致权力争斗

分散性的股权结构是现代公司治理的基本形态，在这种情况下，掌握公司的控制权显得尤为重要。由于股份过于分散，公司经营决策主要由公司董事会完成，在这其中，职业经理人发挥着更加重要的作用。职业经理人不占公司股份或仅占少量比例的股份，往往会诱发职业经理人黑股东的情况。如果公司监管力度不够或不到位，股东将面临很大的风险。

此外，大量的小股东在股东大会中相互制约，要想通过决议，必须要经历复杂的投票过程甚至相互的争吵，公司大量的精力和能量消耗在股东之间的博弈活动中，这对公司的发展也极为不利。

美国上市公司的股权结构往往都很分散，但因为有完善的职业经理人及健全的法律制度做保障，这种分散的股权结构对企业的发展反而有帮助。而在国内，大股东牢牢掌握企业控制权的现象更加普遍，这也更能适应国内的经营环境。

X公司创始人的悲情

X公司创始人王先生是商场上一位具有悲情色彩的人物，他曾带领自己创建的互联网企业登陆纳斯达克，但最后被董事会赶下了台，黯然离开了自己辛苦创办的公司。

从股权结构上来看，X公司可以说是国内最接近美国标准的公众型公司——没有一股独大的强势股东，没有真正意义上的实际控制人，创始人与企业完全脱离，企业在职业经理人的打理下良性运转。

X公司的前身是S公司，20世纪90年代初，由王先生在他人的资助下创办。成立4年后，S公司获得某风险投资公司的650万美元的注资。之后，它便与另一网络企业合并，更名为X公司。不久，X公司获得第二轮风投资金2500万美元，在美国成功上市。

此时，公司的股份已经非常分散。孰料，上市后的X公司一直未能盈利，股价在当时的大环境下一路走低，王先生面临着来自股东及董事会的巨大压力。在这种情况下，王先生对公司的定位又与董事会的基调格格不入。不久，X公司召开董事会，解除了王先生CEO、董事等职务。王先生尽管做了反击，但最终仍以失败告终。

股权的分散往往导致控制权的旁落及遭遇恶意收购的风险，所以，企业创始人应尽量避免此类情况出现，以保证自己的利益及公司的正常发展。

※非法集资带来法律风险

不少企业在实施消费型股权激励战略时，会面向非特定人群进行股权融资，因操作不当而陷入非法集资的法律陷阱。因此，企业管理者借用消费型股权激励方式，首先要了解非法吸收公众存款的相关法律条款。

所谓非法集资，是指单位或个人未依照法定程序经有关部门批准，以发行股票、债券、彩票、投资基金证券或其他债权凭证的方式向社会公众筹集资金，并承诺在一定期限内以货币、实物及其他方式向出资人还本付息或给予回报的行为。企业在做股权众筹时，往往都会向不特定人群公开募集资金，很容易陷入非法集资的陷阱。

《中华人民共和国公司法》规定，非上市公司的股东人数不能超过 200 人。《中华人民共和国证券法》规定，向不特定对象发行证券的或向特定对象发行证券累计超过 200 人的，都属于公开发行证券。因此，企业在实施消费型股权激励时一定要规避相关“雷区”。对于股权众筹，证监会曾在 2014 年 3 月的新闻发布会上给予肯定，发言人称：“股权众筹融资，可以说是近年来出现的基于互联网平台的创新型融资模式。我们认为，它对于完善多层次资本市场体系、拓宽中小微企业融资渠道、支持创新创业活动和帮助信息技术产业化等，都具有积极意义。”

监管层对股权众筹的首次表态，表明了在目前的法律框架下，股权众筹完全可以找到合法的操作空间。但是这一表态并不意味着肯定所有的股权众筹模式，针对其中可能出现的资金池风险或违约风险，证监会目前仍在进行调研，并且会出台相关的指导意见。相信在监管部门进一步出台具体细则后，股权众筹的合法与非法的界限将更加明确。

目前，不少企业在做股权众筹时，往往会做小小的修改，以规避相关法律风险。比如设定股东人数限制，避免股东人数过多带来的法律风险；先将非特定人群吸纳成为公司的VIP会员，待条件成熟后，再针对他们募集资金，变非特定人群为特定人群；或者企业和银行合作进行资金托管，杜绝资金池带来的风险等。